Wirtschaftskunde

Arbeitsheft Gesamtausgabe
mit Lösungen und CD-ROM

Helmut Nuding und Josef Haller

Ernst Klett Verlag
Stuttgart · Leipzig

Nutzungshinweise

In dieser Auflage sind zusätzlich zum ausgedruckten Arbeitsheft mit Lösungen Dateien auf der beiliegenden CD-ROM enthalten, die von Ihnen auch projiziert werden können.

Es handelt sich dabei um
- **interaktive Tafelbilder:** Wenn Sie einzelne Lösungsfelder der Arbeitsheftseiten mit der Maus anklicken, so erscheint die entsprechende Lösung in blauer Schrift, die Felder müssen dabei nicht in einer bestimmten Reihenfolge angeklickt werden. Sie können auf diese Weise die Unterrichtsstunde schrittweise entwickeln.
- eine Datei vom **Arbeitsheft Gesamtausgabe**, in der alle Lösungen vollständig ersichtlich sind.

1. Auflage 1 5 4 3 2 1 | 16 15 14 13 12

Autoren: Helmut Nuding, Stuttgart; Josef Haller, Schramberg

Redaktion: Pia Schneeweiß, Dr. Hans-Werner Thunig, Winterbach
Herstellung: Krystyna Schütze
Bildassistenz: Katja Schnürpel

Gestaltung: nach Entwürfen von Julia-Sophie Kuon, Berlin
Umschlaggestaltung: Kommunikationsdesign Susanne Hörner, Bollschweil
Illustrationen: Aurel Voigt, Ludwigsburg
Satz: Medienservice Klaus Feske, Ammerbuch
Reproduktion: Meyle+Müller GmbH+Co. KG, Pforzheim
Presswerk: optimal media production, Röbel/Müritz
Druck: Druckhaus Götz GmbH, Ludwigsburg

Printed in Germany

ISBN 978-3-12-882708-7

Berufsbildung und Arbeitswelt

Sozial- und Individualversicherungen

Grundlagen des Vertragsrechts

Verbraucherbewusstes Verhalten

Umgang mit Geld

Grundlagen des Arbeitsrechts

Entlohnung der Arbeit

Soziale Marktwirtschaft

Simulation einer Unternehmensgründung

Zuordnung der Lösungen zu den Arbeitsheften 1 – 3 im Gesamtarbeitsheft

Alle Lösungen der Hefte 1–3 sind in dem hier vorliegenden Gesamtarbeitsheft mit Lösungen enthalten, allerdings mit anderer Paginierung. Damit Sie als Nutzer der Hefte 1–3 die entsprechende Lösungsseite leicht finden können, bietet die folgende Tabelle eine Gegenüberstellung der Seitenzahlen.

Gesamtarbeitsheft	Arbeitsheft		
	1	2	3
5	5		
6	6		
7	7		
8	8		
9	9		
10	10		
11	11		
12	–		
13	–		
14	–		
15	–		
16	12		
17	13		
18	14		
19	15		
20	16		
21	17		
22	18		
23	19		
24	20		
25	21		
26	22		
27	23		
28	24		
29	25		
30	26		
31	27		
32	28		
33	29		
34	30		
35	31		
36	32		
37	33		
38	34		
39	35		
40	36		
41	37		
42	38		
43	39		
44	40		
45	41		
46	42		
47	43		
48	44		
49		5	
50		6	
51		7	
52		8	
53		9	
54		10	
55		11	
56		12	
57		13	
58		14	
59		15	
60		16	
61		17	
62		18	
63		19	
64		20	
65		21	
66		22	
67		23	
68		24	
69		25	
70		26	

Gesamtarbeitsheft	Arbeitsheft		
	1	2	3
71		27	
72		28	
73		29	
74		30	
75		31	
76		32	
77		33	
78		34	
79		35	
80		36	
81		37	
82		38	
83		39	
84		40	
85		41	
86		42	
87		43	
88		44	
89			5
90			6
91			7
92			8
93			9
94			10
95			11
96			12
97			13
98			14
99			15
100			16
101			17
102			18
103			19
104			20
105			21
106			22
107			23
108			24
109			25
110			26
111			27
112			28
113			29
114			30
115			31
116			–
117			–
118			–
119			–
120			–
121			32
122			33
123			–
124			34
125			35
126			36
127			37
128			38
129			39
130			40
131			41
132			42
133			–
134			43
135			44

1. **Die Berufsausbildung erfolgt größtenteils durch die Zusammenarbeit von** Ausbildungsbetrieb **und** Schule **. Da zwei Partner an der Ausbildung beteiligt sind, spricht man vom dualen System.**

Berufsausbildung im dualen System

Betrieb	Berufsschule
Er vermittelt	Sie vermittelt
• Fachpraxis	• Allgemeinbildung
• Fachtheorie	• Fachpraxis
	• Fachtheorie
Am Ende der Ausbildung steht die	Am Ende der Ausbildung steht die
Kammerprüfung	Schulabschlussprüfung
Bei Erfolg erhält der Auszubildende den	Bei Erfolg erhält der Auszubildende das
Gesellenbrief	Schulabschlusszeugnis

2. **Ergänzen Sie den Lückentext über das duale System durch folgende Begriffe:**
Geld, abwechslungsreicher, teurer, Qualität, Abstimmung, Bedarf, Wirtschaftslage, praxisbezogen

Beim dualen System erfolgt die Berufsausbildung durch zwei Partner, nämlich die Schule und den Ausbildungsbetrieb. Dadurch, dass die praktische Ausbildung vorwiegend im Betrieb, also in der Arbeitswelt, stattfindet, erfolgt sie praxisbezogen . Außerdem sparen Staat und Steuerzahler Geld , da eine rein schulische Ausbildung erheblich teurer wäre. Durch den Wechsel der Lernorte wird die Ausbildung abwechslungsreicher und nicht so eintönig. Allerdings entspricht die Nachfrage nach Ausbildungplätzen nicht immer dem Bedarf , sondern hängt sehr von der jeweiligen Wirtschaftslage ab. Auch haben nicht alle Ausbildungsplätze die gleiche Qualität . Des Weiteren bereitet die Abstimmung der Ausbildungsinhalte zwischen den Betrieben und der Schule sehr oft Probleme.

3. **Berufliche Qualifikationen können auch in beruflichen Vollzeitschulen erworben werden. Ergänzen Sie die Übersicht.**

Vollschulische Ausbildung

Berufsvorbereitung	berufliche Grundbildung	vollständige Berufsausbildung
z. B. Berufsvorbereitungsjahr	z. B. Berufsgrundbildungsjahr,	z. B. dreijährige Berufsfachschule,
Berufseinstiegsjahr	einjährige Berufsfachschule,	Berufskolleg
	zweijährige Berufsfachschule	

Lehrvertrag von 1864

Eduard Groos in Grünberg einerseits und Philipp Walther in Biedenkopf andererseits haben folgende Übereinkunft getroffen:

1. *Groos nimmt den Sohn des Philipp Walther mit Namen Georg auf vier Jahre, und zwar von 15. Oktober 1864 bis dahin 1868 als Lehrling in sein Geschäft auf.*
2. *Groos macht sich verbindlich, seinen Lehrling in Allem dem, was in seinem Geschäft vorkommt, gewissenhaft zu unterrichten, ein wachsames Auge auf sein sittliches Betragen zu haben und ihm Kost und Logis in seinem Hause zu geben.*
3. *Groos gibt seinem Lehrling alle 14 Tage des Sonntags von 12 bis 5 Uhr frei, dabei ist gestattet, daß er auch an dem Sonntage, wo er Ausgangstag nicht hat, einmal den Gottesdienst besuchen kann.*
4. *Groos verzichtet auf ein Lehrgeld, hat aber die Lehrzeit auf vier Jahre ausgedehnt.*
5. *Philipp Walther hat während der Lehrzeit seines Sohnes denselben in anständiger Kleidung zu erhalten und für dessen Wäsche besorgt zu sein.*
6. *Philipp Walther hat für die Treue seines Sohnes einzustehen und alle Schäden, die derselbe durch bösen Willen, Unachtsamkeit und Nachlässigkeit seinem Lehrherrn verursachen sollte, ohne Einrede zu ersetzen.*
7. *Der junge Walther darf während der Dauer seiner Lehrzeit kein eigenes Geld führen, sondern die Ausgaben, welche nicht von seinem Vater direkt bestritten werden, gehen durch die Hände des Lehrherrn, und der Lehrling hat solche zu verzeichnen.*
8. *Hat der junge Walther seine Kleidungsstücke und sonstige Effekten auf seinem Zimmer zu verschließen, aber so, dass sein Lehrherr davon Kenntnis hat und dieser von Zeit zu Zeit nachsehen kann, so oft es diesem gewahrt ist, um ihn gehörig zu überwachen.*
9. *Darf der Lehrling während seiner Lehrzeit kein Wirtshaus oder Tanzbelustigung besuchen, er müßte denn ausdrücklich die Erlaubnis von seinem Vater oder Lehrherrn erhalten haben, und dann besonders darf er nicht rauchen im Geschäft oder außer demselben, es bleibt ganz untersagt.*
10. *Wenn der junge Walther das Geschäft des Groos verläßt, so darf dieser in kein Geschäft in Grünberg eintreten, ohne dass Groos seine Erlaubnis dazu gibt.*

Zur Sicherstellung, daß beide Teile diese Übereinkunft treulich halten und erfüllen wollen, ist dieser Kontrakt doppelt ausgefertigt, jedem ein Exemplar eingehändigt und unterschrieben worden.

Grünberg, am 28. September 1864

1. **Seit der Lehrzeit des „jungen Walther" hat sich die Berufsausbildung enorm verändert. Kein Ausbilder würde einen derartigen Vertrag bei der zuständigen Kammer einreichen, denn nach dem Berufsbildungsgesetz muss ein korrekter Lehrvertrag verschiedene Mindestangaben enthalten (siehe auch Vertragsvordruck im Klettbuch, S. 16). Nennen Sie mindestens fünf solcher Angaben.**

- Art und Ziel der Berufsausbildung
- Beginn und Dauer der Berufsausbildung
- Dauer der Probezeit
- Zahlungstermine und Höhe der Ausbildungsvergütung
- Dauer des Urlaubs
- Dauer der regelmäßigen täglichen Ausbildungszeit

2. **Nennen Sie die Beteiligten beim Abschluss des Berufsausbildungsvertrags.**

Ausbildender → **Berufsausbildungsvertrag** ← Auszubildender

(bei Minderjährigen zusätzlich der gesetzliche Vertreter)

↓

Vorgeschriebene Form: Schriftform

3. Ergänzen Sie das Schaubild.

Berufsausbildungsvertrag

Pflichten des Auszubildenden	**Pflichten des Ausbildenden**
• Lernpflicht	• Ausbildungspflicht
• Gehorsamspflicht	• Vergütung
• Sorgfaltspflicht	• Fürsorgepflicht
• Berufsschulpflicht	• Zeugnisausstellung
• Schweigepflicht	• Freistellung zum Besuch der Berufsschule
• Ausbildungsnachweis führen	
• gesetzliches Wettbewerbsverbot	
• Arbeitsleistung	

4. Vervollständigen Sie das Schaubild über die Kündigung des Berufsausbildungsverhältnisses.

Kündigung des Berufsausbildungsvertrags

während der Probezeit

fristlos, ohne Angabe von Gründen

nach der Probezeit

aus wichtigem Grund

z. B. Diebstahl, Beleidigung

Termin: fristlos

bei Berufswechsel, Berufsaufgabe

Termin: 4 Wochen

5. Beenden Sie folgende Aussagen über die Dauer und den Zweck der Probezeit:

Die Probezeit dauert mindestens 1 Monat, höchstens 4 Monate.

Während der Probezeit kann der Ausbildende feststellen, ob der Auszubildende geeignet ist.

Während der Probezeit kann der Auszubildende feststellen, ob er die richtige Berufswahl getroffen hat.

6. **Grundlage der Berufsausbildung sind die Ausbildungsordnungen, die vom zuständigen Bundesministerium für jeden Ausbildungsberuf erlassen werden. Ergänzen Sie die Übersicht über den Inhalt einer Ausbildungsordnung.**

Ausbildungsordnungen

- Bezeichnung des Ausbildungsberufs
- Ausbildungsdauer
- Ausbildungsberufsbild (Kenntnisse und Fertigkeiten)
- Ausbildungsrahmenplan (sachliche und zeitliche Gliederung)
- Prüfungsanforderungen

Überwachung erfolgt durch die Kammern z. B. Handwerkskammer

7. **Klara Korte ist Auszubildende bei der Metzgerei Ede Wolf. Im Laufe ihrer Ausbildung kommt es zu den nachfolgenden Vorfällen. Beurteilen Sie als „Ausbildungsspezialist" die Vorgänge in der Firma Wolf. Unterstreichen Sie sämtliche Vorfälle, die rechtlich nicht in Ordnung sind, und tragen Sie ein, gegen welche Pflichten jeweils verstoßen wurde.**

Vorfälle	Pflichten
Als Klara Korte ihr Ausbildungsverhältnis beginnt, sagt ihr Chef, Herr Wolf, dass der Besuch der Berufsschule für Klara absolut unnötig sei. Er meint, dass sie alles, was sie für ihren Beruf brauche, bei ihm in seiner Metzgerei lernen könne.	• Berufsschulpflicht
Außerdem ist Herr Wolf nicht bereit den Ausbildungsvertrag sofort bei Ausbildungsbeginn auszufüllen und zu unterschreiben. Er sagt, dies könne er erst nach der 6-monatigen Probezeit.	• Abschluss vor Beginn • höchstens 4 Monate
Einige Wochen später zeigt Klara ihrem Chef die Ausbildungsordnung für Fachverkäufer/innen im Lebensmittelhandwerk, die sie sich bei der Handwerkskammer besorgt hat. Hierzu meint Herr Wolf, das ginge ihn nichts an. Er bilde schließlich schon viele Jahre Lehrlinge nach seinen eigenen Vorstellungen aus und habe damit immer nur gute Erfahrungen gemacht.	• Ausbildungsordnung muss beachtet werden
Als Klara sich bei Herrn Wolf erkundigt, wie sie ihren schriftlichen Ausbildungsnachweis führen müsse, sagt dieser nur: „Das ist absoluter Quatsch und vollkommen unnötig."	• Ausbildungsnachweis führen ist Pflicht
Nachdem sich Klara zum dritten Mal an der Aufschnittmaschine verletzt hat, bittet sie Herrn Wolf doch endlich einen Resteschneider anzuschaffen. Der meint: „Mit etwas mehr Konzentration wäre das nicht passiert und außerdem ist Pflaster erheblich billiger."	• Fürsorgepflicht
Weil Herr Wolf von Klara verlangt, dass sie vormittags immer seiner Frau im Haushalt hilft, platzt ihr der Kragen und sie beschließt ihrem Chef „eins auszuwischen".	• nur Arbeiten, die zur Ausbildung gehören
Sie folgt seinen dienstlichen Anweisungen nicht mehr oder führt die ihr aufgetragenen Arbeiten nur noch mangelhaft und unvollständig aus. Als ihr Chef an einem Nachmittag nicht im Geschäft ist, versalzt sie aus Unlust und Unachtsamkeit verschiedene Salate. Ihrem Freund Alfred, der bei der Metzgerei Kutter eine Fleischerlehre begonnen hat, erzählt sie, dass ihr Chef zur Zeit einen Umsatz von 50 000 € pro Monat hat und dass Frau Duck ihrem Chef 500 € schuldet. Einer guten Bekannten gibt sie folgenden wohlmeinenden Rat: „Wenn Ihnen Ihre Gesundheit etwas wert ist, dann kaufen Sie niemals Leberwurst bei Metzgerei Wolf."	• Gehorsamspflicht • Sorgfaltspflicht • Schweigepflicht
Herr Wolf erfährt von diesen Vorgängen und kürzt deshalb Klaras Ausbildungsvergütung um 100 € monatlich.	• Vergütungspflicht
Inzwischen hat Klara bereits ein Jahr ihrer Lehrzeit absolviert. Sie glaubt, ihr könne nun nichts mehr passieren, da sie bereits die Probezeit überstanden hätte. Deshalb bleibt sie eine Woche unentschuldigt dem Betrieb fern. Herr Wolf kündigt darauf hin fristlos.	• Arbeitsleistung

1. Die Berufswelt unterliegt einem ständigen Wandel. Welche Folgen hat das für Ihr zukünftiges Berufsleben (siehe auch Schaubild im Klettbuch S. 22)?

Ein einmal erlernter Beruf reicht nicht immer für ein ganzes Arbeitsleben aus.

2. Nennen Sie a) Gründe und Möglichkeiten für die berufliche Fortbildung und b) Gründe für eine berufliche Umschulung.

Berufliche Fortbildung

Gründe	Möglichkeiten
• Anpassung der Kenntnisse an die technische Entwicklung	• Weiterbildungsangebote von Kammern, Fachverbänden, Betrieben, Gewerkschaften usw.
• beruflicher Aufstieg	• Meisterschulen, Technikerschulen

Gründe für eine berufliche Umschulung

→ Aussterben des Berufs
→ Berufsunfähigkeit durch Unfälle und Krankheiten
→ andauernde Arbeitslosigkeit
→ Unzufriedenheit mit dem bisherigen Beruf

3. Ergänzen Sie die Zusammenfassung über die berufliche Fort- und Weiterbildung. Verwenden Sie folgende Begriffe:
Bundesausbildungsförderungsgesetz, fortbildet, schulische, Ausbildung, Fortbildungsmaßnahmen, Umschulungsmaßnahmen, Kammern, Fachverbände, Volkshochschulen, Fachschulen, Sozialgesetzbuch, Meisterschulen, Betriebe, Gewerkschaften, Staat, berufliche Weiterbildung, Umschulung

Die Arbeitswelt ist geprägt von einem schnell fortschreitenden technischen Wandel. Man nimmt an, dass sich derzeit alle 5 Jahre das verfügbare Wissen verdoppelt. Dies bedingt eine ständige berufliche Weiterbildung. Jeder, der sich nicht fortbildet, besitzt ein veraltetes Wissen. Volkshochschulen, Fachschulen, Meisterschulen, Gewerkschaften bieten zahlreiche Weiterbildungsmöglichkeiten. Häufig sind Arbeitnehmer gezwungen, eine Umschulung auf einen anderen Beruf zu beginnen. Fortbildungs- und Umschulungsmaßnahmen können durch den Staat gefördert werden. Dies erfolgt in der Regel durch **BAföG** (= Bundesausbildungsförderungsgesetz) oder durch das **SGB** (= Sozialgesetzbuch).

Das **SGB** fördert die berufliche Ausbildung sowie gerechtfertigte Fortbildungsmaßnahmen und Umschulungsmaßnahmen.

Durch **BAföG** werden schulische Bildungsmaßnahmen gefördert wie z. B. der Besuch von Berufsfachschulen, Berufskollegs, Hochschulen usw.

25–30

Datum: ....

1. Überprüfen Sie die abgebildete Grafik über die **Leistungsfähigkeit** und tragen Sie gegebenenfalls den richtigen Kurvenverlauf ein.

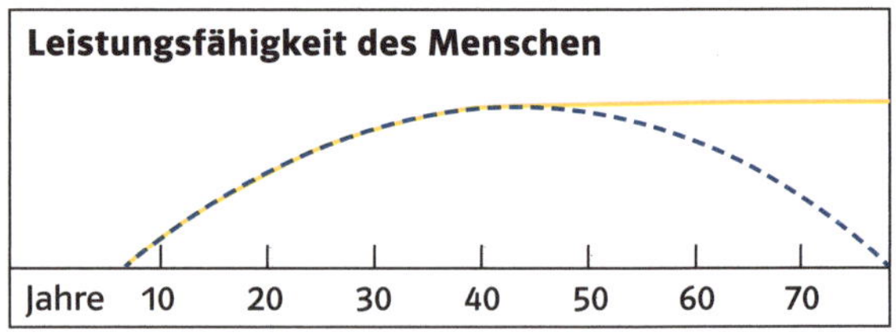

2. Neben dem Alter hängt die **Leistungsfähigkeit** von weiteren Faktoren ab. Nennen Sie drei Beispiele.

Begabung | Berufsausbildung | Berufserfahrung

3. Überprüfen Sie die folgende Aussage sowie die dazugehörende Grafik über die **Leistungsschwankungen** von Arbeitnehmern.

„Aufgrund der Erholung während des Wochenendes erbringt der Arbeitnehmer am Wochenanfang seine höchste Arbeitsleistung. Die Leistungsfähigkeit lässt im Laufe der Woche infolge der Arbeitsanstrengung nach, bis sie am Wochenende ihren Tiefpunkt erreicht. Deshalb freut sich beispielsweise jeder Autokäufer, wenn ihm ein so genanntes Montagsauto geliefert wird."

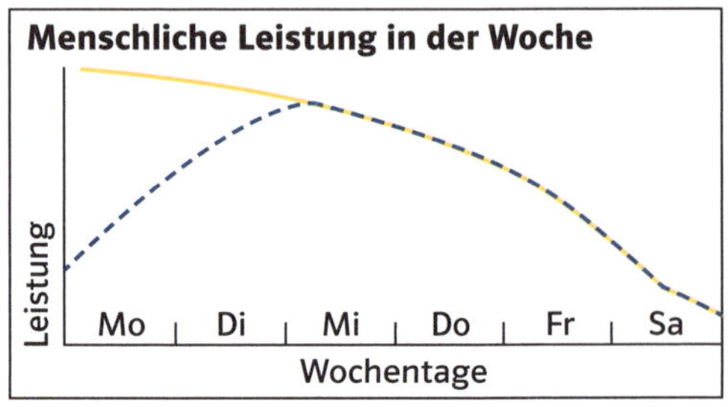

Stellungnahme: Die Aussage stimmt nicht. Die wöchentliche Arbeitsleistung beginnt mit einem Tief und erreicht erst zur Wochenmitte die Höchstleistung. (Da am Wochenanfang mehr Fehler gemacht werden, hat ein so genanntes Montagsauto besonders viele Mängel.)

4. Wodurch kann die **Leistungsbereitschaft** der Arbeitnehmer erhöht werden?

- höheres Einkommen
- mehr Urlaub
- kürzere Arbeitslosigkeit
- bessere Aufstiegschancen
- mehr Selbstständigkeit
- mehr Anerkennung

5. a) Hohe Arbeitsteilung und starke Spezialisierung führen zu größerer Arbeitsleistung. Von erheblichem Einfluss ist hierbei die **Arbeitsorganisation.** Wie die nebenstehende Karikatur überspitzt darstellt, sollten stressauslösende Faktoren, so genannte Stressoren, vermieden werden. Nennen Sie 8 Beispiele für so genannte Stressoren.

- Zeit- u. Termindruck
- fehlende Eignung
- zu hohes Arbeitstempo
- schlechtes Betriebsklima
- zu hohe Anforderungen
- mangelnde Berufserfahrung
- Informationsmangel
- Umgebungseinflüsse wie Lärm, Kälte, Hitze, schlechte Luft usw.

5. b) Übermäßiger Stress schadet der Gesundheit. Unter dem Begriff „Humanisierung der Arbeitswelt“ versucht man deshalb in vielen Betrieben Stress zu vermindern und die Arbeitsleistung zu steigern. Setzen Sie folgende Begriffe ein:
Gruppenarbeit, Aufgabenwechsel, Aufgabenerweiterung, eintönigen, teilautonomer, Aufgabenbereicherung

- Häufiger Aufgabenwechsel (job rotation) bei eintönigen Arbeiten
- Eintönige Fließbandarbeit wird durch Gruppenarbeit ersetzt.
- Aufgabenbereicherung (job enrichment): Der Entscheidungsspielraum des einzelnen Arbeitnehmers wird erweitert.
- Aufgabenerweiterung (job enlargement): Mehrere Arbeitselemente werden zu einer größeren Aufgabe zusammengefasst.
- Bildung teilautonomer Arbeitsgruppen: In Teamarbeit arbeitende Gruppen, die in eigener Verantwortung ihre Arbeitspläne ausgestalten.

6. Bei der Betriebskontrolle durch die Berufsgenossenschaft wurde der abgebildete Arbeitsplatz beanstandet. Geben Sie an, woran man einen schlecht gestalteten Arbeitsplatz erkennt.

Ein schlecht gestalteter **Arbeitsplatz** hat z. B.

- schlechte Luft
- schlechte Beleuchtung
- wenig Ordnung und Sauberkeit
- fehlende Hilfsmittel
- Stolperstellen
- hohen Lärm
- fehlende Schutzvorrichtungen
- monotone (eintönige) Farben

7. Wie die Abbildung zeigt, herrscht in diesem Betrieb kein besonders gutes Betriebsklima; im Gegenteil: Hier scheint sogar Mobbing vorzuliegen. Wodurch kann in einem Betrieb ein gutes Betriebsklima gefördert werden?

Ein gutes **Betriebsklima** wird gefördert durch

- gute leistungsgerechte Bezahlung
- soziale Leistungen
- Anerkennung durch Kollegen und Vorgesetzte
- richtige Ausstattung des Arbeitsplatzes
- Mitentscheidungsmöglichkeiten

8. Vervollständigen Sie die Zusammenfassung über die Einflüsse auf die menschliche Arbeitsleistung.

Leistungs-fähigkeit	Leistungs-schwankungen	Leistungs-bereitschaft	Arbeits-organisation	Arbeitsplatz	Betriebsklima

→ beeinflussen die Arbeitsleistung.

Betriebliche Arbeitsteilung

1. Die Wohnland AG produziert mit großem Erfolg den ausklappbaren Esstisch Exquisit 2000. Mit seiner Herstellung sind 3 Arbeiter (A, B und C) beschäftigt. Bei einer täglichen Arbeitszeit von 8 Stunden stellen sie in drei verschiedenen Arbeitsgängen jeweils einen Esstisch her.
Für die Maschinenarbeit (zuschneiden und hobeln), die Montagearbeit (montieren, verleimen und verschrauben) und die Lackierarbeit benötigen A, B und C folgende Zeiten:

	Arbeiter			
Arbeit	**A**	**B**	**C**	**Gesamtzeit**
Maschinenarbeit	2 Std.	3 Std.	3 Std.	8 Std.
Montagearbeit	4 Std.	3 Std.	2 Std.	9 Std.
Lackierarbeit	2 Std.	2 Std.	3 Std.	7 Std.
	8 Std.	8 Std.	8 Std.	24 Std.

Überlegen Sie, ob die Wohnland AG die Esstische nicht sinnvoller produzieren könnte.

Änderungsvorschlag:

A übernimmt nur Maschinenarbeit = 2 Std.
B übernimmt nur Lackierarbeit = 2 Std.
C übernimmt nur Montagearbeit = 2 Std.

insgesamt 6 Std. Arbeitszeit je Esstisch

Ergebnis

Durch betriebliche Arbeitsteilung kann die Produktion von 3 auf 4 Esstische erhöht werden.

2. Ergänzen Sie die Übersicht über die Vor- und Nachteile der betrieblichen Arbeitsteilung.

Vorteile der betrieblichen Arbeitsteilung	Nachteile der betrieblichen Arbeitsteilung
• ständige Wiederholung bedingt höhere Fertigkeit	• einseitige körperliche Beanspruchung kann zu Gesundheitsschäden führen
• Zeitersparnis durch höhere Fertigkeit	• geistige und seelische Fähigkeiten können verkümmern
• kürzere Ausbildungszeiten	• eintönige und gleichbleibende Arbeiten führen zu rascher Ermüdung und Langeweile
• Hilfskräfte können arbeiten	• erhöhte Abhängigkeit vom Betrieb
• Arbeitnehmer können die Arbeit übernehmen, die am besten zu ihnen passt	• Verlust der Übersicht über den gesamten Herstellungsgang
• Qualitätssteigerung	
• Produktivitätssteigerung	

Arten der Arbeit

Man unterscheidet verschiedene Arten der Arbeit. Geben Sie zu jeder Art ein Beispiel an.

geistige Arbeit: Steuerberater

körperliche Arbeit: Maler

leitende Arbeit: Meister

ausführende Arbeit: Geselle

ungelernte Arbeit: Putzarbeiten

angelernte Arbeit: Fließbandarbeiten

gelernte Arbeit: Friseurin

Veränderte Anforderungen durch technischen Wandel

Die beiden Abbildungen zeigen die Veränderungen in der industriellen Fertigung. Bearbeiten Sie in diesem Zusammenhang folgende Fragen:

1. Weshalb werden in der Industrie immer mehr Roboter eingesetzt?

- Roboter arbeiten schneller, genauer und kostengünstiger als der Mensch. Dadurch wird die Wettbewerbsfähigkeit verbessert.
- Roboter können gefährliche und gesundheitsschädigende Arbeiten übernehmen.

2. Welche Probleme sehen Sie in dieser Entwicklung?

- Arbeitsplätze in der Produktion entfallen, besonders die einfachen Anlerntätigkeiten.
- Neue Berufe und Tätigkeiten werden benötigt.
- Monotone Tätigkeiten fallen an (kontrollieren, warten, reinigen usw.).

3. Welche Anforderungen ergeben sich durch diese Entwicklung für die Arbeitnehmer?

- Arbeitnehmer müssen sich laufend der technischen Entwicklung anpassen, weiterlernen evtl. sogar umschulen auf neue Berufe oder Tätigkeiten. Die Anforderungen an die Ausbildung steigen.
- Arbeitnehmer müssen Mobilität zeigen und evtl. von der Produktion in den Dienstleistungsbereich wechseln.

Der Arbeitsschutz

1. **In der Bundesrepublik Deutschland ereigneten sich 2010 ca.** 1,19 Mio. **Arbeits- und Wegeunfälle. Wie die Karikatur zeigt, sind fehlende Schutzvorrichtungen eine häufige Unfallursache. Nennen Sie weitere Ursachen.**

Ursachen für Arbeitsunfälle

- **ungenügende Schutzvorrichtungen**
- technische **Fehler**
- menschliches **Versagen**
  z. B.
  - fehlende Information
  - Bequemlichkeit
  - Leichtsinn

2. **Überlegen Sie, wie sich ein Arbeitsunfall auswirkt.**

Folgen eines Arbeitsunfalls

für den Verletzten

- Berufsunfähigkeit
- Erwerbsunfähigkeit
- Tod
- geringes Einkommen

für den Betrieb

- Verlust von Fachkräften
- Produktionsausfall
- höhere Beiträge für die Berufsgenossenschaft
- Sachschäden

für die Gesellschaft

- hohe Kosten durch Unfallfolgen, z. B. für Renten, Heilbehandlungen, Umschulung
- Gestiegene Kosten der Betriebe können zu höheren Preisen führen.

32–33

Technischer Arbeitsschutz

Privatanzeigen

Bitte um Liebesgaben

Das gräßliche Unglück, daß ein großer mit Malz gefüllter Zuber im Sturz von der Höhe dem hiesigen Küfer Reutter beide Füße derart abgeschlagen hat, dass der eine Fuß sogleich amputiert werden mußte und der Schenkelbruch des andern noch nicht eingerichtet werden konnte, veranlasst mich, das Mitleiden mit der Bitte um Unterstützung in Anspruch zu nehmen. Der Verunglückte ist 39 Jahre alt, verheiratet, Vater von 3 Kindern, hat sich seither durch seiner Hände Arbeit fleißig und ehrlich ernährt. Mögen viele Menschenfreunde diesem Manne, der im Stande klaren Bewusstseins mit großer Ergebung sein schweres Geschick trägt, durch liebreiche tätige Teilnahme helfen, mit Mut in die dunkle Zukunft zu blicken. Beiträge nehmen an die Herren Dekan Georgii, Kaufmann Bessert, Frau Witwe Wagner in Tübingen, Herr Heinrich zum Ochsen allhier und der Unterzeichner.

Pfarrer Stoll

Tübinger Chronik vom 22.04.1856; aus: Stuttgarter Zeitung vom 17.11.1991

3. Früher waren solche Unfälle alltäglich, heute sind sie dank des technischen Arbeitsschutzes eine Seltenheit. Durch zahlreiche Vorschriften, Verordnungen und Arbeitsschutzgesetze werden die Gefahren am Arbeitsplatz bekämpft. Ergänzen Sie die Zusammenstellung.

Technischer Arbeitsschutz	
Verordnungen/Schutzvorschriften/ Arbeitsschutzgesetze	**Inhalt**
Unfallverhütungsvorschriften	Von den Berufsgenossenschaften erlassene Schutzvorschriften, um Arbeitsunfälle zu verhindern.
Arbeitssicherheitsgesetz	Arbeitgeber werden verpflichtet, Betriebsärzte und Sicherheitsfachkräfte einzustellen.
Gewerbeordnung	Die aus dem Jahre 1869 stammende Grundlage des Unfallschutzes. Sie wurde seitdem mehrfach durch zeitgemäße Regelungen ergänzt und erweitert.
Arbeitsstättenverordnung	Anforderungen an die menschenfreundliche Gestaltung der Arbeitsräume, d. h. Vorschriften über Temperatur, Lärmschutz, Beleuchtung usw.
Geräte- und Produktsicherheitsgesetz	Dieses Gesetz enthält Sicherheitsvorschriften für Maschinen und Werkzeuge. Die Hersteller werden verpflichtet, nur solche Maschinen und Geräte in Verkehr zu bringen, die diesem Gesetz und den darin umgesetzten EU-Richtlinien entsprechen.

4. Geben Sie die Bedeutung der abgebildeten Zeichen an. Tragen Sie ein, ob es sich um Warnzeichen, Gebotszeichen oder um Verbotszeichen handelt.

Warnzeichen, Gebotszeichen, Verbotszeichen	Verbotszeichen	Verbotszeichen	Warnzeichen	Gebotszeichen
Bedeutung	Zutritt verboten	Verbot, mit Wasser zu löschen	Warnung vor ätzenden Stoffen	Sicherheitsschuhe tragen

Das Jugendarbeitsschutzgesetz

In einem Bericht aus dem Jahre 1830 aus England heißt es:

„In den Kohlen- und Eisenbergwerken arbeiten Kinder von 4, 5, 7 Jahren, die meisten sind indes über 8 Jahre alt. Sie werden gebraucht, um das losgebrochene Material von der Bruchstelle nach dem Pferdeweg oder nach dem Hauptschacht zu transportieren, und um die Zugtüren, welche die verschiedenen Abteilungen des Bergwerks trennen, bei der Passage von Arbeitern und Material zu öffnen und wieder zu schließen. Zur Beaufsichtigung dieser Türen werden meist die kleinsten Kinder gebraucht, die auf diese Weise 12 Stunden täglich im Dunkeln einsam in einem engen, meist feuchten Gang sitzen müssen." – „Diese Kinder kennen ihre Eltern gewöhnlich nicht näher und wissen nur, dass jeden Morgen um fünf, oft schon um vier Uhr ein Mann oder eine Frau kommt, um sie zu wecken. Die älteren Geschwister tragen ihre noch schlafenden kleineren Geschwister auf dem Rücken in die Fabrik, und sie sehen ihre Eltern erst wieder, wenn sie abends nach Hause kommen und zu Bett geschickt werden."

1. Ähnliche Zustände wie in dem Bericht herrschten damals auch bei uns. Wie die Abbildung zeigt, ist Kinderarbeit in vielen Entwicklungsländern noch heute an der Tagesordnung. Das Jugendarbeitsschutzgesetz soll in Deutschland solche Zustände verhindern. Überprüfen Sie, ob bei den folgenden Beispielen Verstöße gegen das Jugendarbeitsschutzgesetz vorliegen.

Beispiele	Auswertung/Regel
1. Die 16-jährige Karin hat einen Ausbildungsplatz in ihrem Traumberuf bekommen. Nach 14 Tagen meint ihr Chef, sie habe großes Glück. Nicht nur, dass Karin einen Ausbildungsplatz gefunden habe. Sie dürfe ab sofort auch täglich 9 Stunden arbeiten.	Nicht möglich. Die tägliche Arbeitszeit darf höchstens 8 Stunden betragen. Anmerkung: 8 1/2 Std. in Ausnahmefällen, z. B. bei Verkürzung einzelner Werktage
2. Damit sie eine bessere Busverbindung ausnützen kann, hat Karin jeden Tag 35 Minuten früher Feierabend. Dafür beträgt ihre Mittagspause nur noch 25 Minuten.	Bei 4 1/2 – 6 Std. Arbeitszeit mindestens 30 Min. Pause, bei mehr als 6 Std. mindestens 60 Min. Pause.
3. In der Berufsschule fällt nach der 4. Stunde der Unterricht aus. Karin geht nach Schulschluss sofort nach Hause. Darf sie das?	Nein, erst mehr als 5 Unterrichtsstunden entsprechen einem Arbeitstag
4. Herr Bös ändert die Arbeitszeiten. Karin arbeitet jetzt von 7.00 Uhr bis 20.00 Uhr. Dafür hat sie eine Pause von 12.00 Uhr bis 17.00 Uhr. Sie beschwert sich – mit Recht?	Nicht möglich, die Schichtzeit (= Arbeitszeit + Pausen) darf höchstens 10 Std. betragen.
5. Weil sie eine Wirtschaftskundearbeit versäumen kann und sie 20 € extra erhält, arbeitet Karin an ihrem Berufsschultag im Betrieb.	Nicht zulässig, der Jugendliche muss für den Berufsschulunterricht freigestellt werden.
6. Damit sie das Geld für einen Windsurfingkurs zusammenbekommt, leistet Karin Akkordarbeit.	Gefährliche Arbeiten und Akkordarbeit sind verboten.

Beispiele	Auswertung/Regel
7. Herr Bös verlangt von Karin, dass sie endlich die ärztliche Bescheinigung über die Erstuntersuchung vorlegt.	Ohne Erstuntersuchung ist die Beschäftigung unzulässig.
8. Weil Karin inzwischen 17 Jahre alt ist, überlegt sie, wie viele Tage Jahresurlaub sie im nächsten Jahr beanspruchen kann.	25 Werktage

2. Ergänzen Sie die Zusammenfassung über das Jugendarbeitsschutzgesetz

Das Jugendarbeitsschutzgesetz

Arbeitszeit

höchstens:

- täglich 8 Std.
- wöchentl. 40 Std.

Ruhepausen

bei einer Arbeitszeit von:

- 4,5 – 6 Std. = 30 Min.
- über 6 Std. = 60 Min.

Urlaub

- 15-Jährige = 30 Werktage
- 16-Jährige = 27 Werktage
- 17-Jährige = 25 Werktage

Berufsschulzeit

Mehr als 5 Unterrichtsstunden entsprechen einem Arbeitstag.

Schichtzeit

Arbeitszeit inkl. Pausen darf höchstens 10 Std. betragen.

Verbotene Arbeiten

- Akkordarbeit
- gefährliche Arbeiten

Ärztliche Untersuchungen

- Erstuntersuchung
- Nachuntersuchung

Anwendungsbereich

Alle Personen unter 18 Jahren.

→ Wer noch keine 15 Jahre alt ist, gilt als Kind.

→ Kinderarbeit ist verboten.

Die **Beratung** und **Überwachung** erfolgt durch das Gewerbeaufsichtsamt.

Sozialer Arbeitsschutz

1. **Eine übermäßige körperliche Belastung, wie sie die nebenstehende Karikatur überspitzt darstellt, soll durch den sozialen Arbeitsschutz verhindert werden.**

Ergänzen Sie die nachfolgende Übersicht und lösen Sie danach die Aufgaben (a – e).

Sozialer Arbeitsschutz	
Arbeitsschutzgesetze/Verordnungen	**Inhalt**
Jugendarbeitsschutzgesetz	Es enthält zahlreiche Schutzbestimmungen für jugendliche Arbeitnehmer.
Gewerbeordnung Arbeitszeitgesetz	Sie regeln Höchstarbeitszeiten, Ruhepausen, Sonntagsarbeit und Feiertagsarbeit.
Mutterschutzgesetz	Es enthält Schutzvorschriften für Schwangere und für Mütter nach der Entbindung.
Schwerbehindertenschutz im Sozialgesetzbuch	Er soll die Beschäftigung von Schwerbehinderten fördern. Außerdem enthält er besondere Schutzvorschriften.
Bundeserziehungsgeldgesetz	Es regelt die Gewährung von Elterngeld und Elternzeit.

a) **Welche Aussagen zum Schwerbehindertenschutz sind richtig?**

- [ ] Schwerbehinderte erhalten zusätzlich 14 Tage Jahresurlaub.
- [X] Schwerbehinderte genießen einen besonderen Kündigungsschutz.
- [X] Schwerbehinderte müssen keine Überstunden leisten.
- [ ] Schwerbehinderte dürfen nur besonders einfache und leichte Arbeiten verrichten.

b) Wie viele Arbeitsstunden sind nach dem **Arbeitszeitgesetz** höchstens pro Tag zulässig? 10 Stunden

Wie lange muss nach dem **Arbeitszeitgesetz** die Ruhezeit zwischen zwei Arbeitstagen sein? 11 Stunden

c) Für bestimmte Bereiche sind Abweichungen vom **Arbeitszeitgesetz** gestattet. Nennen Sie drei Beispiele.

Konditoreien, Gastgewerbe, Verkehrsbetriebe, Apotheken, Krankenhäuser, Eisen- u. Stahlindustrie

d) Wer erlässt die **Unfallverhütungsvorschriften?**

Die Berufsgenossenschaften der einzelnen Wirtschaftszweige

e) Nennen Sie drei wesentliche Bestimmungen des **Mutterschutzgesetzes.**

Beschäftigungsverbot 6 Wochen vor und 8 Wochen nach der Entbindung, Kündigungsschutz, Verbot von schweren Arbeiten, Akkordarbeit und Fließbandarbeit

2. **Tragen Sie in das Schaubild die wichtigsten Organe zur Überwachung der Arbeitsschutzvorschriften ein.**

Gewerbeaufsichtsämter → **Überwachung der Arbeitsschutzvorschriften** ← Berufsgenossenschaften

1. **Durch seine Berufstätigkeit wird ein Arbeitnehmer automatisch von den einzelnen Zweigen der Sozialversicherung geschützt. Tragen Sie zu den einzelnen Symbolen die entsprechende Versicherung sowie das Jahr ihrer Entstehung ein.**

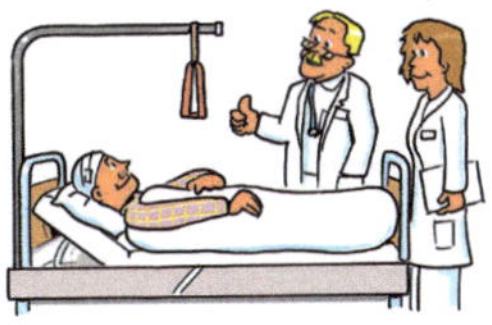

Kranken-versicherung — 1883

Unfall-versicherung — 1884

Renten-versicherung — 1889

Arbeitslosen-versicherung — 1927

Pflege-versicherung — 1995

Die Sozialversicherung

- Um die Arbeitnehmer vor wirtschaftlicher Not zu schützen ist die Mitgliedschaft in der Sozialversicherung Pflicht für alle Arbeitnehmer.
- Ausnahmeregelungen gelten für Selbstständige, Beamte, Arbeitnehmer ab bestimmtem Einkommen

2. **Vervollständigen Sie die Übersicht zur Sozialversicherung.**

Arten	Kranken-versicherung	Unfall-versicherung	Renten-versicherung	**Arbeitslosen-versicherung**	Pflege-versicherung
Zweck	Schutz des Arbeitnehmers und seiner Familie bei Krankheit	Unfallverhütung sowie Schutz bei Arbeitsunfällen und Berufskrankheiten	Soziale Sicherung im Alter und bei Erwerbsunfähigkeit	Finanzielle Absicherung bei Arbeitslosigkeit	Soziale Sicherung bei Pflege-bedürftigkeit
Träger	Krankenkassen, z. B. AOK, IKK	Berufsgenossen-schaften	Deutsche Renten-versicherung	Bundesagentur für Arbeit (BA)	Pflegekassen der Krankenkassen

Arten	Krankenversicherung	Unfallversicherung	Rentenversicherung	Arbeitslosenversicherung	Pflegeversicherung
Beitragszahlung	• 50 % der Arbeitnehmer • 50 % der Arbeitgeber	100 % der Arbeitgeber	50 % der Arbeitnehmer, 50 % der Arbeitgeber	50 % der Arbeitnehmer, 50 % der Arbeitgeber	50 % der Arbeitnehmer, 50 % der Arbeitgeber
Beitragshöhe	• 15,5 % des Bruttoverdienstes • der Beitragssatz enthält 0,9 % Sonderbeitrag der Arbeitnehmer (Stand 01.01.2012)	Arbeitgeber zahlen unterschiedliche Beträge	19,6 % des Bruttoverdienstes (Stand 01.01.2012)	3,0 % des Bruttoverdienstes (Stand 01.01.2012)	• 1,95 % des Bruttoverdienstes • Kinderlose Arbeitnehmer zusätzlich 0,25 % (Stand 01.01.2012)
Leistungen	• ärztliche Behandlung • Krankenhausaufenthalt • Mutterschaftsgeld • Krankengeld • Medikamente	• Heilbehandlung • Renten (Verletzten-, Hinterbliebenenrente) • Verletztengeld • Sterbegeld • Unfallverhütung	• Altersrente • Erwerbsminderungsrente • Hinterbliebenenrente • Rehabilitationsmaßnahmen	• Arbeitslosengeld I • Arbeitslosengeld II • Ausbildungsbeihilfen • Berufsberatung • Arbeitsvermittlung	bis 1 550 € für die häusliche oder stationäre Pflege

3. Geben Sie an, welche Versicherung bei den nachfolgenden Fällen jeweils zuständig ist.

Fall	Versicherung
a) Hauterkrankung einer Friseurin, verursacht durch Chemikalien am Arbeitsplatz	Unfallversicherung
b) Krankengeld einer Angestellten	Krankenversicherung
c) Arbeitslosengeld eines Arbeiters	Arbeitslosenversicherung
d) Ärztliche Behandlung und Krankenhausaufenthalt nach einem Skiunfall	Krankenversicherung
e) Berufliche Fortbildung eines Facharbeiters	Arbeitslosenversicherung
f) Altersruhegeld für einen 68-Jährigen	Rentenversicherung
g) Hinterbliebenenrente für die Witwe eines Rentners	Rentenversicherung
h) Heimunterbringung eines pflegebedürftigen Rentners	Pflegeversicherung
i) Heilbehandlung, Medikamente und Krankenhausaufenthalt nach einem Unfall am Arbeitsplatz	Unfallversicherung

4. **Die Karikatur soll auf das Zukunftsproblem der Rentenversicherung hinweisen (siehe auch Schülerbuch, S. 41 und 244).**

Der deutsche Rentenzahler 2000

a) **Erläutern Sie in diesem Zusammenhang, was man unter dem Generationenvertrag versteht.**

Die jeweils arbeitende Generation zahlt durch ihre Rentenversicherungsbeiträge die Renten der im Ruhestand befindlichen Generation.

b) **Auf welches Problem wird in der Karikatur hingewiesen?**

Die Zahl der Arbeitnehmer wird immer geringer, die der Rentner immer größer, d. h., immer weniger Beitragszahler müssen immer mehr Renten finanzieren.

c) **Nennen Sie mindestens drei Lösungsmöglichkeiten.**

- Erhöhung der Beiträge – höhere Staatszuschüsse – Absenkung des Rentenniveaus
- geringere Rentenerhöhung – Teilrenten – staatlich geförderte, freiwillige Privatvorsorge („Riesterrente")
- längere Lebensarbeitszeit – staatliche Familienförderung (Hebung der Geburtenziffer)

5. **Die AOK Berghausen hat den bundeseinheitlichen Beitragssatz von 15,5 %. Zusammen mit den 0,9 % Sonderbeitrag der Arbeitnehmer ergibt sich ein Arbeitnehmeranteil von 8,2 %. Wie hoch sind die Krankenversicherungsbeiträge, die den Arbeitnehmern jeweils vom Verdienst abgezogen werden?**

Monatsverdienst 1 1000 €	Monatsverdienst 2 3 000 €	Monatsverdienst 3 10 000 €
↓	↓	↓
Krankenversicherungsbeitrag	Krankenversicherungsbeitrag	Krankenversicherungsbeitrag
82,– €	246,– €	313,65 €

Begründen Sie das Ergebnis bei Monatsverdienst 3 und erklären Sie, was man unter der Beitragsbemessungsgrenze versteht.

Die Sozialversicherungsbeiträge werden nur bis zur Beitragsbemessungsgrenze berechnet, auch wenn das Einkommen darüber liegt. Ihre Höhe am 01.01.2012:
5 600,– € West (4 800,– € Ost) in der Renten- und Arbeitslosenversicherung,
3 825,– € in der Kranken- und Pflegeversicherung.

6. Erläutern Sie die Bedeutung der **Versicherungspflichtgrenze** in der Krankenversicherung.

Arbeitnehmer, deren Verdienst die Versicherungspflichtgrenze mindestens 1 Jahr übersteigt (2012: 4237,50 €), können in eine private Krankenkasse wechseln.

7. Ergänzen Sie folgende Übersicht.

Ein Anspruch auf **Leistungen der Unfallversicherung** besteht bei

einem Arbeitsunfall — einem Wegeunfall — einer Berufskrankheit

8. Wird ein Versicherter durch einen Arbeitsunfall getötet oder ist mehr als 3 Tage arbeitsunfähig, dann muss der Arbeitgeber dies durch eine Unfallanzeige melden. Er muss dazu den gelben Vordruck der Berufsgenossenschaft verwenden. Tragen Sie in die Abbildung ein, wer die einzelnen Ausfertigungen erhält.

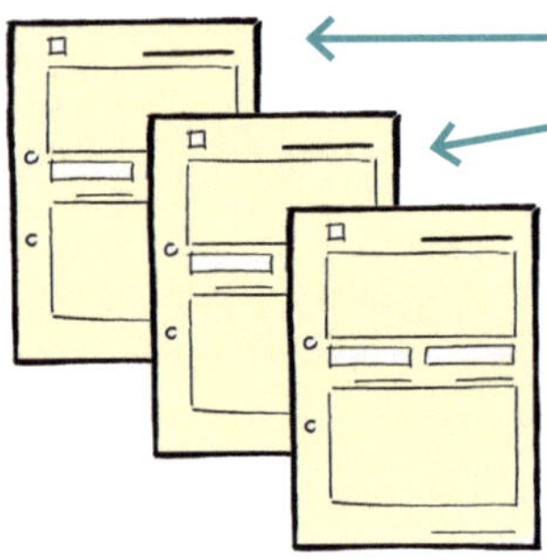

zwei Ausfertigungen erhält die Berufsgenossenschaft

eine Ausfertigung erhält das Gewerbeaufsichtsamt

9. Unterscheiden Sie **Arbeitslosengeld I** und **Arbeitslosengeld II.**

Arbeitslosengeld I
- ist höher als Arbeitslosengeld II.
- Zahlung ist zeitlich begrenzt (max. 1 Jahr, ältere Arbeitslose länger).
- Es besteht ein Rechtsanspruch auf Arbeitslosengeld, erfordert Anwartschaftszeit (= Mindestbeitragszeit von 12 Monaten in 2 Jahren).

Arbeitslosengeld II
- ist identisch mit dem Sozialgeld und beträgt 374 € (2012) im Monat.
- Zahlung ist zeitlich unbegrenzt.
- wird nur bei Bedürftigkeit ausbezahlt.

10. Womit muss ein Arbeitnehmer rechnen, der seine Arbeitslosigkeit selbst verschuldet hat, z. B. durch eigene Kündigung?

Er wird erst nach einer Sperrfrist von 12 Wochen Arbeitslosenunterstützung erhalten.

1. **Ergänzen Sie das Schaubild über den Aufbau der Sozialgerichte.**

Revisions instanz — Bundessozialgericht

Berufungs instanz — Landessozialgericht

Berufsrichter

ehrenamtliche Richter

1. Instanz — Sozialgericht

2. **Für welche Streitigkeiten sind die Sozialgerichte zuständig?**

Für Streitigkeiten aus dem Sozialrecht, d. h. z. B. für Fragen des Kindergeldes, der Kriegsopferversorgung, der Sozialversicherungen usw.

3. **Ein Sozialversicherungsträger erteilt einen ablehnenden Bescheid. Wie wird der Betroffene zunächst reagieren, wenn er damit nicht einverstanden ist?**

Er wird Widerspruch einlegen.

Wird dem Widerspruch nicht stattgegeben, kann er Klage beim Sozialgericht einreichen.

4. **Wer trägt die Kosten einer Verhandlung vor dem Sozialgericht?**

Die Verfahren sind kostenfrei.

1. **Ergänzen Sie die wichtigsten Unterschiede zwischen Privatversicherungen und Sozialversicherungen.**

Privatversicherungen		Sozialversicherungen
Der Beitritt ist in der Regel freiwillig.	← **Beitritt** →	Der Beitritt ist für Arbeitnehmer Pflicht.
Die Beitragszahlungen sind abhängig vom Risiko und vom gewünschten Leistungsumfang.	← **Beitragshöhe** →	Die Beitragszahlungen richten sich nach der Einkommenshöhe.
Der Versicherte muss für die Beiträge allein aufkommen.	← **Beitragszahlung** →	Arbeitgeber und Arbeitnehmer zahlen jeweils die Hälfte der Beiträge (Unfallversicherung 100 % der Arbeitgeber).

2. **Setzen Sie folgende Begriffe in das Schaubild ein:** *Versicherungsnehmer, Versicherung, Antragsvordruck, Police.*

3. **Begründen Sie am Beispiel der gesetzlichen Rentenversicherung, dass private Zusatzversicherungen eine sinnvolle Ergänzung sein können.**

- Absicherung bis die Anwartschaftszeit in der gesetzlichen Rentenversicherung erfüllt ist
- wichtiger Teil der Altersvorsorge, da das zukünftige Rentenniveau sinken wird
- Frührentner mit niedrigen Renten haben ein Zusatzeinkommen.

4. **Ergänzen Sie die Übersicht über die Privatversicherungen (Individualversicherungen).**

Privatversicherungen

Personenversicherung

Versichert wird eine **Person.**

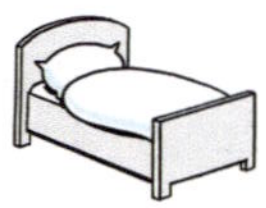

- Private Krankenversicherung

wenn Versicherungspflicht besteht oder als Zusatzversicherung.

- Private Unfallversicherung

für Unfälle, die keine Berufsunfälle sind.

- Lebensversicherung

fällig beim Tod des Versicherten oder beim Erreichen eines bestimmten Alters.

- Private Rentenversicherung

dient als zusätzliche Altersvorsorge.

- Berufsunfähigkeitsversicherung

wenn der Beruf nicht mehr ausgeübt werden kann.

Sachversicherung

Versichert sind **Sachen.**

- Feuerversicherung
- Glasversicherung
- Leitungswasserversicherung
- Einbruchdiebstahlversicherung

- Verbundene Hausratversicherung

Kombination der obigen Versicherungen.

Vermögensversicherung

Schützt das **Vermögen** des Versicherten gegen Schadenersatzansprüche Dritter.

- Haftpflichtversicherung
  - ▸ Privathaftpflichtversicherung

    Bsp.: Kind wirft Scheibe ein.
  - ▸ Berufshaftpflichtversicherung

    Bsp.: Fleischer verursacht Fleischvergiftung bei Kunden.
  - ▸ Tierhaftpflichtversicherung

    Bsp.: Hund beißt Briefträger.
  - ▸ Kfz-Haftpflichtversicherung

    Bsp.: Missachten der Vorfahrt verursacht Unfall.

- Rechtsschutzversicherung

dient zur Durchsetzung eigener und zur Abwehr fremder Ansprüche.

1. **Ergänzen Sie die Übersicht über die Rechtsfähigkeit.**

Rechtsfähigkeit

Dies bedeutet: die Fähigkeit, Träger von Rechten und Pflichten zu sein; z. B. Erbrecht + Steuerpflicht

Wer ist rechtsfähig?

- natürliche Personen
  - Beispiele: alle Menschen
  - Dauer: von der Geburt bis zum Tod
- juristische Personen
  - j. P. des privaten Rechts
    - Beispiele: e.V., AG, GmbH, eG
    - Dauer: von der Eintragung bis zur Löschung in einem Register, z. B. Vereinsregister
  - j. P. des öffentlichen Rechts
    - Beispiele: Bund, Länder, Gemeinden, Handwerkskammer
    - Dauer: von der staatlichen Verleihung bis zum Entzug

2. **Kreuzen Sie jeweils an.**

Fall	natürliche Personen	juristische Person des Privatrechts	juristische Person des öffentlichen Rechts
die 19-jährige Karin Kloß	X		
die Daimler AG		X	
die Stadt Mannheim			X
der 5-jährige Klaus Müller	X		
der Rechtsanwalt Manfred Winkel	X		
der Staatsanwalt Walter Knack	X		
der VfB Stuttgart		X	

1. **Ergänzen Sie die Übersicht über die Geschäftsfähigkeit.**

Geschäftsfähigkeit

Dies bedeutet: die Fähigkeit, Geschäfte vollgültig abschließen zu können

Stufen:	Geschäftsunfähigkeit	beschränkte Geschäftsfähigkeit	volle Geschäftsfähigkeit
Alter:	• Personen unter 7 Jahren	• Personen von 7 – 18 Jahren	• Personen ab 18 Jahren
Weitere Personen:	• Personen, die dauerhaft geistesgestört sind		
Rechtliche Wirkung:	**Rechtsgeschäfte sind** nichtig (ungültig)	**Rechtsgeschäfte sind** schwebend unwirksam	**Rechtsgeschäfte sind** voll gültig

der gesetzliche Vertreter muss zustimmen

Ausnahmen

- Geschäfte, die mit eigenen Mitteln (Taschengeld) bewirkt werden.
- Geschäfte, die nur rechtliche Vorteile bringen.
- Geschäfte, die ein erlaubtes Arbeitsverhältnis betreffen.

2. Kreuzen Sie jeweils die richtige Stufe der Geschäftsfähigkeit an.

Personen	geschäfts-unfähig	beschränkt geschäftsfähig	voll geschäftsfähig
a) der 6-jährige Klaus Bauer	X		
b) die 16-jährige Martina Kleemann		X	
c) der 24-jährige Egon Specht			X
d) die 38-jährige Klara Baier			X
e) der 19-jährige Kurt Schmittke			X
f) der 20-jährige Martin Berger, dauerhaft geisteskrank	X		

3. Begründen Sie kurz in Stichworten, ob die folgenden Rechtsgeschäfte gültig sind.

a) Anton Singer, 19 Jahre alt, kauft sich eine 1 000 € teuere Musikanlage.	Gültig, ein 19-Jähriger ist voll geschäftsfähig.
b) Gegen den Willen der Eltern bekommt der 12-jährige Klaus von seinem Onkel ein Fahrrad geschenkt.	Gültig, da das Rechtsgeschäft einen rechtlichen Vorteil bringt.
c) Die 5-jährige Katrin holt aus ihrer Spardose 20 € und kauft dafür Gummibärchen.	Nichtig, da eine 5-Jährige geschäftsunfähig ist.
d) Birgit Fischer, 17 Jahre alt, kauft sich einen 100 € teueren MP3-Player.	Schwebend unwirksam ohne Zustimmung des gesetzlichen Vertreters
e) Paula Huber, 45 Jahre alt, dauerhaft geisteskrank, bestellt bei einem Vertreter ein 24-bändiges Lexikon für 3 000 €.	Ungültig, da eine dauernd geistesgestörte Person geschäftsunfähig ist.
f) Der 16-jährige Martin kauft bei einem Händler ein Mofa. Er vereinbart den Kaufpreis in 15 Monatsraten von seinem Taschengeld zurückzuzahlen.	Ungültig, da mit eigenen Mitteln (Taschengeld) nur Bargeschäfte möglich sind.

4. Ergänzen Sie die Zusammenfassung über die Rechts- und Geschäftsfähigkeit.

Unter **Rechtsfähigkeit** versteht man die Fähigkeit Träger von Rechten und Pflichten zu sein. Die Rechtsfähigkeit beginnt mit der Geburt; sie endet mit dem Tod. Lebende Menschen bezeichnet man als natürliche Personen. Neben natürlichen Personen können auch juristische Personen rechtsfähig sein. Dies sind Personenvereinigungen, denen das Gesetz eine eigene Rechtsfähigkeit zuerkennt wie zum Beispiel eine GmbH, eine Gemeinde. Juristische Personen sind zwar rechtsfähig, dennoch können sie nicht selbstständig am Wirtschaftsleben teilnehmen. Dazu benötigen sie die Hilfe von natürlichen Personen. Für die juristischen Personen handeln deshalb ihre Organe, dies ist zum Beispiel bei einem Verein der Vorstand. Unter Geschäftsfähigkeit versteht man dagegen die Fähigkeit, vollgültige Geschäfte abzuschließen. Das Gesetz unterscheidet hierbei verschiedene Stufen. Ein Geschäftsunfähiger kann grundsätzlich keine Rechtsgeschäfte abschließen, für ihn handelt der gesetzliche Vertreter. Beschränkt Geschäftsfähige benötigen in der Regel die Zustimmung des gesetzlichen Vertreters. Ab 18 Jahren ist man voll geschäftsfähig und kann vollgültige Rechtsgeschäfte abschließen.

1. **Rechtsgeschäfte entstehen durch die Abgabe von Willenserklärungen. Diese können durch ausdrückliche Erklärungen, durch schlüssige Handlungen oder durch Schweigen erfolgen.**
Ergänzen Sie das abgebildete Schema mit folgenden Begriffen:
mündliche Bestellung im Lokal, Lösen einer Fahrkarte am Automaten, Kaufmann schweigt auf abgeänderte Auftragsbestätigung, Käufer nimmt am Kiosk eine Zeitung und zahlt wortlos, schriftliche Bestellung bei Versandhaus.

Willenserklärungen

ausdrückliche Erklärungen	schlüssige Handlungen	Schweigen
z. B. • mündliche Bestellung im Lokal • schriftliche Bestellung bei Versandhaus	z. B. • Lösen einer Fahrkarte am Automaten • Käufer nimmt am Kiosk eine Zeitung und zahlt wortlos	z. B. • Kaufmann schweigt auf abgeänderte Auftragsbestätigung

2. **Ergänzen Sie das vorbereitete Schema mit folgenden Begriffen:** *Willenserklärungen, Berufsausbildungsvertrag, Testament, einseitige Rechtsgeschäfte, Arbeitsvertrag, Kaufvertrag, Kündigung, mehrseitige Rechtsgeschäfte.*

Rechtsgeschäfte

entstehen durch
die Abgabe von

↓

Willenserklärungen

Einseitige Rechtsgeschäfte	Mehrseitige Rechtsgeschäfte
liegen vor, wenn eine Person eine Willenserklärung abgibt.	liegen vor, wenn mindestens 2 Personen übereinstimmende Willenserklärungen abgeben.
z. B. • Testament • Kündigung	z. B. • Arbeitsvertrag • Kaufvertrag • Berufsausbildungsvertrag

 62, 64 Datum: ....

3. **Nach dem Grundsatz der Formfreiheit können Rechtsgeschäfte in beliebiger Form abgeschlossen werden. Für einige wichtige Rechtsgeschäfte schreibt das Gesetz jedoch eine bestimmte Form vor.**
Setzen Sie folgende Begriffe in das vorbereitete Schaubild ein:
öffentliche Beglaubigung, Grundstückskauf, Schriftform, notarielle Beurkundung, Eheverträge, Ratenkaufvertrag, Anträge auf Eintrag ins Handelsregister, Kündigung von Arbeitsverträgen, Ausschlagung einer Erbschaft.

Form der Rechtsgeschäfte

Schriftform

Verlangt wird ein Schriftstück, das die Beteiligten eigenhändig unterschreiben.

z. B. Ratenkaufvertrag, Kündigung von Arbeitsverträgen

öffentliche Beglaubigung

Die Echtheit der Unterschrift unter einem Schriftstück wird amtlich oder notariell beglaubigt.

z. B. Anträge auf Eintragung, ins Handelsregister, Ausschlagung einer Erbschaft

notarielle Beurkundung

Ein Notar hält die Willenserklärung schriftlich fest und bestätigt Inhalt und Echtheit der Unterschrift.

z. B. Eheverträge, Grundstückskauf

Wird die gesetzlich vorgeschriebene Form nicht eingehalten, dann ist das Rechtsgeschäft nichtig (ungültig).

4. **Kreuzen Sie an.**

Rechtsgeschäft	formfrei	Schriftform	öffentliche Beglaubigung	notarielle Beurkundung
Frau Putzig kauft ihren Geschirrspüler auf Raten.		X		
Karl Protz bezahlt sein neues Motorrad bar.	X			
Bauer Kohl verkauft einen Acker an seinen Nachbarn.				X
Der „Verein zur Förderung der Wirtschaftskunde“ beantragt seine Eintragung ins Vereinsregister.			X	
Martin Stift schließt seinen Lehrvertrag ab.		X		
Herr Burger übernimmt für den Kredit seiner Tochter die Bürgschaft.		X		
Frau Schenker verspricht, dass sie ihrem Neffen zu seinem 18. Geburtstag 10 000 € schenken wird.				X

 63–64 Datum: ....

5. Ergänzen Sie das Schaubild.

Rechtsgeschäfte

nichtig

bei

- Verstoß gegen gesetzliches Verbot
- Geschäftsunfähigkeit
- Sittenwidrigkeit
- Formmangel
- Scherzgeschäft
- Scheingeschäft

↓

Rechtsgeschäfte sind von Anfang an nichtig.

anfechtbar

bei

- widerrechtlicher Drohung
- arglistiger Täuschung
- Irrtum
- falscher Übermittlung

↓

Rechtsgeschäfte sind gültig, sie werden aber durch Anfechtung nichtig.

6. Begründen Sie, ob die folgenden Rechtsgeschäfte nichtig oder anfechtbar sind.

Rechtsgeschäft	nichtig	anfechtbar	Begründung
Alfred Grün verkauft normales Obst als besonders gesunde „Bioware“.		X	arglistige Täuschung
Ein Arbeitgeber droht seine Sekretärin zu entlassen, wenn sie sich nicht mit seinem Sohn verlobt.		X	widerrechtl. Drohung
Von einem Guru, dem Oberhaupt der „Gemeinschaft der universalen Erleuchtung“, erhält Herr Mayer 800 €, wenn er endlich den „richtigen Glauben“ annimmt.	X		Sittenwidrigkeit
In gelöster Partystimmung bietet Hans Vogel einem Gast für 9,99 €, inklusive Mehrwertsteuer, seinen neuen Sportwagen an.	X		Scherzgeschäft
Wegen einer Notlage nimmt Franziska Maus bei der Kreditvermittlung Herbert Hai einen Kleinkredit auf. Firma Hai verlangt 45 % Zinsen.	X		Sittenwidrigkeit
Ein Rauschgifthändler verkauft einem Zwischendealer 1,2 kg Kokain.	X		Gesetzesverstoß
Erwin Peters sucht dringend eine Wohnung. In seiner Notlage mietet er eine 40 m^2 große Wohnung zum Preis von 2000 €.	X		Sittenwidrigkeit
Damit es gut lesbar ist, tippt Frau Pingel ihr Testament mit dem PC, druckt es aus und unterschreibt es eigenhändig.	X		Formmangel
Die 6-jährige Tina verkauft für 10 € ihren Puppenwagen.	X		Geschäftsunfähigkeit
Die Renovierungsarbeiten bei Firma Clever betragen 30 000 €. Um Steuern zu sparen einigt sich Herr Clever mit dem Handwerker auf eine „offizielle Rechnung“ über 10 000 €.	X		Scheingeschäft
Der halb blinde Teppichhändler verkauft einen echten Perserteppich als billigen Industrieteppich.		X	Irrtum
Für eine Beerdigung benötigt der blinde Norbert Bock einen dunklen Anzug. Verkäufer Harry Fuchs nutzt die Gelegenheit und verkauft ihm seinen gelb-grün gestreiften Ladenhüter.		X	arglistige Täuschung

Zustandekommen und Erfüllung des Kaufvertrags

1. Nachfolgend sehen Sie zwei mögliche Formen für den Abschluss eines Kaufvertrags. Ergänzen Sie, wie jeweils ein Vertrag zustande kommt.

Beispiel 1:
Auf ein Sonderangebot der Mühle Klaps & Co bestellt Bäckermeister Clever einen Sonderposten Mehl.

Angebot — Bestellung → **Kaufvertrag**

Beispiel 2:
Die Firma Barth feiert ihr 50-jähriges Jubiläum und erteilt Bäckermeister Clever einen Sonderauftrag über 1200 Brötchen. Meister Clever nimmt den Auftrag sofort an.

Bestellung + Bestellungsannahme → **Kaufvertrag**

2. Ein Kaufvertrag entsteht durch zwei übereinstimmende Willenserklärungen**, nämlich den Antrag und dessen Annahme. Antrag und Annahme können sowohl durch den Käufer als auch durch den Verkäufer erfolgen. Tragen Sie in die Übersicht folgende Begriffe ein:** ***Bestellung, Angebot, Bestellungsannahme, Bestellung.***

Verkäufer **Käufer**

Kaufvertrag
Verpflichtungsgeschäft

Antrag =	Angebot	Kaufvertrag	Bestellung	= **Annahme**
		oder:		
Annahme =	Bestellungsannahme	Kaufvertrag	Bestellung	= **Antrag**

3. Welche Pflichten müssen durch den Abschluss eines Kaufvertrags erfüllt werden?

Kaufvertrag
Erfüllungsgeschäft

Pflichten des Verkäufers

- Lieferung der Ware: Zur rechten Zeit, am richtigen Ort, in richtiger Art und Weise
- Annahme des Kaufpreises

Pflichten des Käufers

- Annahme der Lieferung
- Zahlung des Kaufpreises

4. **Begründen Sie, weshalb in den folgenden Beispielen der Verkäufer nicht an sein Angebot gebunden ist.**

Beispiel 1:
Die Mühle Klaps & Co bietet Meister Clever einen besonders günstigen Posten Mehl, solange der Vorrat reicht.

↓

Die **Bindung an das Angebot** wird aufgehoben durch

Freizeichnungsklauseln

Beispiel 2:
Meister Clever bestellt auf ein Angebot, nachdem er es sich 14 Tage gut überlegt hat.

↓

Die **Bindung an das Angebot** erlischt bei

verspäteter Annahme

Beispiel 3:
Meister Clever bestellt auf ein Angebot. Bei seiner Bestellung trägt er einen niedrigeren Preis ein.

↓

Die **Bindung an das Angebot** erlischt bei

Abänderung

5. **Durch Unaufmerksamkeit des Auszubildenden Paul Kuntze wurde im Schaufenster der Firma Knolle das abgebildete Notebook um 500 € zu niedrig ausgezeichnet. Ein Kunde verlangt, dass die Ware zum ausgezeichneten Preis abgegeben wird. Herr Knolle weigert sich. Muss das Notebook zu dem angegebenen Preis verkauft werden?**

Nein, da Schaufensterauslagen, Zeitungsanzeigen usw. rechtlich kein Angebot sind. Angebote sind an bestimmte Personen gerichtet und nicht an die Allgemeinheit. Schaufensterauslagen sind lediglich Aufforderungen zum Kauf (Anpreisungen).

Der Inhalt des Kaufvertrags

6. **Sofern bei Vertragsabschluss keine besonderen Vereinbarungen getroffen werden, gelten die gesetzlichen Regelungen. Ergänzen Sie die Aufstellung.**

	Gesetzliche Regelung
Art und Güte: Welche Art und Güte muss geliefert werden?	Beschaffenheit wie bei gleichartigen Sachen üblich
Verpackungs- und Beförderungskosten: Wer trägt diese Kosten?	• Die Übergabeverpackung geht zulasten des Verkäufers. • Die Versandverpackung und die Beförderungsverpackung trägt der Käufer.
Preisnachlässe: Dürfen Preisabzüge wie Skonto und Rabatt vorgenommen werden?	Preisabzüge dürfen nur vorgenommen werden, wenn sie vereinbart wurden.
Erfüllungsort: • Wo muss die Ware übergeben werden? • Wo muss der Kaufpreis bezahlt werden?	• Die Ware muss am Ort des Verkäufers übergeben werden. • Der Kaufpreis muss am Ort des Käufers bezahlt werden, allerdings trägt er das Übermittlungsrisiko.
Gerichtsstand: Wo kann Klage erhoben werden?	Am Ort des jeweiligen Schuldners

Kaufvertrag

Herr, Frau, Firma Erwin Redlich

Anschrift Mörikestr. 23, 71642 Ludwigsburg

verkauft hiermit an

Herr, Frau, Firma Manuela Huber

Anschrift Weimarstr. 34, 70190 Stuttgart

das Kraftfahrzeug

Typ Ford Fiesta Fahrgestell-Nr. Y 23651

Amtl. Kennzeichen LB – R 122

km-Stand 16 900 Datum der Erstzulassung 6.4.09

Zubehör Stereoradio mit CD-Player

____

unter Ausschluss jeglicher Gewährleistung zu folgenden Bedingungen:

§ 1

Der Kaufpreis beträgt 7 800,– €

(in Worten) siebentausendachthundert

Er ist bei der Übernahme des Fahrzeugs in bar zu entrichten.

§ 2

Der Verkäufer versichert, dass das Fahrzeug in seinem unbeschränkten Eigentum steht, insbesondere nicht mit Rechten Dritter belastet ist, und dass es nur folgende, ihm bekannte Sachmängel hat:

____

____

Unfallschäden hatte: keine

____

§ 3

Der Käufer verpflichtet sich den Wagen umgehend auf seinen Namen umschreiben zu lassen. Der Verkäufer benachrichtigt seine Versicherungsgesellschaft von dem Besitzwechsel des Autos. Zu viel gezahlte Steuern und Versicherungsprämien stehen dem Verkäufer zu.

§ 4

Mündliche Nebenabreden wurden nicht getroffen. Insbesondere wurden keine außergewöhnlichen Eigenschaften des Wagens zugesichert. Das Auto wurde am

______________ um ______________ Uhr vom Käufer übernommen.

Ludwigsburg, den 12.05.2012

Erwin Redlich Manuela Huber

(Verkäufer) (Käufer)

Quelle: Auto, Motor, Sport

7. **Füllen Sie das nebenstehende Kaufvertragsformular aus und verwenden Sie dabei folgende Daten:**
Manuela Huber, Weimarstr. 34, 70190 Stuttgart, kauft von Erwin Redlich, Mörikestr. 23, 71642 Ludwigsburg, einen PKW (Ford Fiesta, Erstzulassung 06.04.09, Stereoradio mit CD-Player, Kilometerstand 16 900 km, Fahrgestellnummer Y 23 651, amtliches Kennzeichen LB – R 122) zum Preis von 7 800 €. Herr Redlich versichert, dass der Wagen noch keinen Unfall hatte.

8. **Könnte der Autokauf auch ohne schriftlichen Kaufvertrag erfolgen?**

Nach dem Grundsatz der Formfreiheit könnte ein Autokauf auch mündlich erfolgen.

9. **Welche Gründe sprechen für einen schriftlichen Kaufvertrag?**

- So können alle getroffenen Vereinbarungen bewiesen werden.
- Klare schriftlich festgelegte Abmachungen vermeiden unnötige Streitigkeiten.
- Der Kauf bzw. Verkauf kann belegt werden.

1. **Herr Fuchs bewohnt sein eigenes Haus. Ein weiteres Haus, das er von seiner Tante Erna geerbt hat, wurde von ihm an Herrn Vogel vermietet.**

Wer ist der **Besitzer** des vermieteten Hauses?	Wer ist der **Eigentümer** des vermieteten Hauses?
Herr Vogel	Herr Fuchs

2. **Welcher Unterschied besteht demnach zwischen Besitz und Eigentum?**

Besitz: ist die tatsächliche Herrschaft über eine Sache.

Eigentum: ist die rechtliche Herrschaft über eine Sache.

3. **Wie erfolgt der Eigentumsübergang bei**

beweglichen Sachen? Durch Einigung der Vertragspartner und Übergabe der Sache.

unbeweglichen Sachen? Durch Auflassung (= Einigung vor Notar) und Eintragung ins Grundbuch.

4. **a) Für sein Wohnzimmer bestellt Herr Vogel bei der Möbelhandlung Holz & Wurm eine neue Schrankwand. In den Lieferbedingungen des Kaufvertrages taucht das Wort Eigentumsvorbehalt auf. Erläutern Sie diesen Begriff.**

Der Lieferer behält das Eigentum an der Ware bis zur vollständigen Zahlung. Kommt der Käufer mit der Zahlung in Verzug, dann hat der Lieferer das Recht, vom Vertrag zurückzutreten und die Ware zurückzunehmen.

§ 932 Gutgläubiger Erwerb vom Nichtberechtigten

(1) Durch eine nach § 929 erfolgte Veräußerung wird der Erwerber auch dann Eigentümer, wenn die Sache nicht dem Veräußerer gehört, es sei denn, dass er zu der Zeit, zu der er nach diesen Vorschriften das Eigentum erwerben würde, nicht in gutem Glauben ist. […]
(2) Der Erwerber ist nicht in gutem Glauben, wenn ihm bekannt oder infolge großer Fahrlässigkeit unbekannt ist, dass die Sache nicht dem Veräußerer gehört.

b) Herrn Vogels alter Fernseher passt nicht in die neue Wohnwand. Er verkauft ihn deshalb gegen Barzahlung an seine Nachbarin, Frau Wolf. Diese weiß nicht, dass der Apparat im Hifi-Studio Watt auf Raten gekauft und unter Eigentumsvorbehalt geliefert wurde. Ist nun sie die neue Eigentümerin des Geräts? Lesen Sie hierzu den nebenstehenden Auszug aus dem BGB.

Da sie den Apparat gutgläubig erworben hat, ist sie die rechtmäßige Eigentümerin geworden.

5. **Herr Vogel hat großes Pech. Während der Nacht hat ein Dieb von seinem Auto die teuren Leichtmetallfelgen abmontiert und an den ahnungslosen Herrn Sorglos verkauft. Ist Herr Sorglos nun neuer Eigentümer der Leichtmetallfelgen geworden? Lesen Sie hierzu den nachfolgenden Auszug aus dem BGB.**

§ 935 Kein gutgläubiger Erwerb von abhanden gekommenen Sachen

(1) Der Erwerb des Eigentums aufgrund der § 932 bis 934 tritt nicht ein, wenn die Sache dem Eigentümer gestohlen worden, verloren gegangen oder sonst abhanden gekommen war. […]

Herr Sorglos ist kein Eigentümer geworden, da bei gestohlenen Sachen ein gutgläubiger Erwerb nicht möglich ist.

72–74, 76

Datum: ....

„Guten Tag Herr Pfeiffer,
mein Name ist Bruch vom Modeversandhaus Bruch. Vor drei Wochen haben wir Ihnen verschiedene Waren geliefert. Trotz einer Mahnung warten wir immer noch auf Bezahlung."

„Guten Tag Frau Bruch.

Gut, dass Sie mich anrufen. Gestern habe ich Ihnen einen Brief geschickt. Den müssten Sie spätestens morgen erhalten. Das war nämlich nichts Tolles, was Sie da geliefert haben.

Bei Ihrer Lieferung habe ich folgende Mängel entdeckt:

- Statt der bestellten Damenbluse wurde ein Herrenhemd geliefert und das in Größe 44; meine Frau ist doch kein Gorilla.
- Beim Waschen ist die im Katalog als kochfest beschriebene Hose extrem eingegangen; sie hat jetzt die Länge von Bermudashorts.
- Das bestellte Abendkleid hat einen großen Farbfleck.
- Anstatt der gewüschten 4 T-Shirts wurden nur 2 Stück geliefert.
- Die gelieferte Nachtcreme riecht ranzig.
- Das bestellte PC-Programm ist wohl eine Raubkopie, da Seriennummer und Registrierungskarte fehlen.
- Außerdem habe ich einen ganzen Nachmittag vergeblich versucht, das Schuhschränkchen ohne Montageanleitung zusammenzubauen.

Ich kann nur sagen, die ganze Lieferung war im wahrsten Sinn des Wortes eine echte
„Bruch-Sendung".

1. Einer mangelhaften Lieferung können verschiedene Sachmängel zugrunde liegen. Tragen Sie die vorliegenden Mängel dieser „Bruch-Sendung" in die Übersicht ein

Sachmängel

fehlerhafte Ware	schlechte Qualität	falsche Ware	zu wenig
Farbfleck	Nachtcreme riecht ranzig	Herrenhemd statt Damenbluse	2 T-Shirts statt 4 T-Shirts

nicht eingehaltene Werbeaussagen	Montagemangel	Rechtsmangel
fehlende Koch-festigkeit	fehlende Montage-anleitung	Raubkopie

2. Wann verjährt bei einem **Verbrauchsgüterkauf** der Anspruch des Käufers auf Sachmangelhaftung?

2 Jahre nach Übergabe der Ware

3. **Ergänzen Sie die Übersicht.**

Rechte des Käufers bei einer mangelhaften Lieferung

↓ zuerst

Nacherfüllung

Der Käufer kann wählen
- Ersatzlieferung oder
- Nachbesserung (Reparatur)

↓ wenn erfolglos

Rücktritt vom Vertrag (Wandelung)	← oder →	Preisnachlass (Minderung)	zusätzlich: Schadenersatz

4. **Wann gilt die Nacherfüllung als gescheitert?**

Wenn während einer angemessenen Nachfrist 1 Ersatzlieferung oder 2 Nachbesserungen fehlgeschlagen sind.

5. **Sie erinnern sich: Die als kochfest verkaufte Hose ist extrem eingegangen. Außerdem hat sie beim Waschen stark abgefärbt. Die gesamte Unterwäsche von Herrn Pfeiffer hat nun ein sattes Einheitsblau. Seine vormals weißen Oberhemden sind jetzt himmelblau. Um den ursprünglichen Zustand wiederherzustellen, müssten die Wäschestücke in einer teuren Spezialreinigung entfärbt werden.**
Welche Rechte kann Herr Pfeiffer beanspruchen? Begründen Sie Ihre Entscheidung.

Da Werbeaussagen nicht eingehalten wurden, liegt ein Sachmangel vor. Er kann deshalb Nacherfüllung verlangen und zusätzlich Schadenersatz. Da besondere Umstände vorliegen, ist eine Nachfrist nicht erforderlich.

6. **Tanja hat einen neuen Mikrowellenherd gekauft. Daheim entdeckt sie beim Auspacken starke Kratzer am Gehäuse und einen Sprung im Türglas. Der Verkäufer behauptet, die Beschädigungen wären nachträglich beim Gebrauch entstanden. Sofern man ihm nicht das Gegenteil beweise, würde er die Reklamation nicht anerkennen. Beurteilen Sie die Rechtslage mit Hilfe des nebenstehenden Gesetzestextes.**

Auszug aus dem BGB
§ 476 Beweislastumkehr
Zeigt sich innerhalb von 6 Monaten seit Gefahrübergang ein Sachmangel, so wird vermutet, dass die Sache bereits bei Gefahrübergang mangelhaft war, es sei denn, diese Vermutung ist mit der Art der Sache oder des Mangels unvereinbar.

Die Aussage stimmt nicht, denn innerhalb der ersten 6 Monate gilt eine Beweislastumkehr. Die Folge: Der Verkäufer muss beweisen, dass der Fehler nicht von Anfang an da war.

1. **Erklären Sie, was man unter Verjährung versteht.** Nach Ablauf einer bestimmten Frist können Ansprüche nicht mehr gerichtlich durchgesetzt werden. Der Schuldner kann die Leistung verweigern.

2. **Ergänzen Sie die Übersicht.**

Wichtige Verjährungsfristen

30 Jahre	10 Jahre	5 Jahre	2 Jahre	3 Jahre
Ansprüche aus • **vollstreckbaren Titeln,** z. B. Gerichtsurteile • **Familien- und Erbrecht**	**Ansprüche** aus **Rechten aus Grundstücken**	**Ansprüche** aus **Mängeln an Bauwerken**	**Ansprüche** aus **Sachmangelhaftung beim Kaufvertrag**	Die **regelmäßige Verjährungsfrist** für alle Ansprüche

Die Verjährung beginnt mit der Entstehung des Anspruchs.

Die Verjährung beginnt ab Jahresende.

3. **Geben Sie die Verjährungsfristen an, und stellen Sie fest, wann die Verjährung beginnt und wann sie endet.**

Anspruch	Verjährungsfrist	Beginn	Ende	Begründung
P. Straub verkauft seinen Gebrauchtwagen an R. Bosch. Bis 19.2.12 soll Bosch den Kaufpreis von 4 000 € überweisen.	3 Jahre	31.12.2012	31.12.2015	regelmäßige Verjährungsfrist
Seit dem 16.10.11 verlangt Herr Köpf von der Solidbau GmbH, dass die Mängel an seinem neuen Haus beseitigt werden.	5 Jahre	16.10.2011	16.10.2016	Mängel an Bauwerken
Herr Blank vergisst die am 20.5.12 fällige Zahnarztrechnung.	3 Jahre	31.12.2012	31.12.2015	regelmäßige Verjährungsfrist
Die am 5.4.11 gelieferte Waschmaschine ist defekt. Herr Baumann möchte, dass sie vom Händler kostenlos repariert wird.	2 Jahre	05.04.2011	05.04.2013	Sachmangelhaftung beim Kaufvertrag
Aufgrund eines rechtskräftigen Urteils vom 16.9.03 hat Herr Salzmann Anspruch auf 5 000 € Schadenersatz.	30 Jahre	16.09.2003	16.09.2033	vollstreckbarer Titel
Seit dem 19.2.12 wartet Herr Vogel, dass das Möbelhaus Schluder die defekten Teile seiner Einbauküche austauscht.	2 Jahre	19.02.2012	19.02.2014	Sachmangelhaftung beim Kaufvertrag

4. **Ergänzen Sie.**

Hemmung der Verjährung

bedeutet: Der Verjährungsablauf ruht während der Hemmung, die Frist verlängert sich um deren Dauer. (Je nach Hemmungsgrund kommt eine Nachfrist hinzu.)

erfolgt durch: Mahnbescheid, Klageerhebung, höhere Gewalt, Verhandlungen über den Anspruch, Beginn eines schiedsrichterlichen Verfahrens

1. Erklären Sie, was man unter **Haftung** versteht. Unter Haftung versteht man, dass jemand für einen verursachten Schaden aufkommen muss.

2. Man unterscheidet verschiedene Haftungsgründe. Tragen Sie diese in die Übersicht ein und geben Sie jeweils zwei Beispiele dazu an.

Haftungsgründe

vertragliche Haftung		Produkthaftung	unerlaubte Handlung
In einem besonderen Vertrag hat sich jemand verpflichtet für einen Schaden zu haften.	Jemand erfüllt schuldhaft vertragliche Verpflichtungen nicht und verursacht dadurch einen Schaden.	Hersteller haften für Schäden, die durch fehlerhafte Produkte entstehen.	Schäden, die widerrechtlich und vorsätzlich oder widerrechtlich und fahrlässig verursacht werden.
z. B. • Garantiekarten • Haftpflichtversicherungen	z. B. • verspätete Lieferung • Zahlungsverzug	z. B. • Kfz-Unfall wegen defekter Bremsen • Verletzung durch fehlerhafte Geräte	z. B. • Körperverletzung • Einbruch • verschuldeter Kfz-Unfall

3. Ergänzen Sie die Übersicht.

Haftung für unerlaubte Handlung

Minderjährige unter 7 Jahren	Minderjährige zwischen 7 und 18 Jahren	Aufsichtspflichtige (z. B. Eltern)
Sie sind für angerichtete Schäden … nicht haftbar.	Sie sind für angerichtete Schäden … nur haftbar, wenn sie die erforderliche Einsicht besaßen.	Sie sind für angerichtete Schäden … nur haftbar, wenn sie die Aufsichtspflicht verletzt haben.

4. Wie muss **Schadenersatz** geleistet werden?

Es gilt der Grundsatz der Naturalherstellung, d. h., es ist der Zustand wieder herzustellen, der ohne den Schaden bestanden hätte. Geld kann gezahlt werden, z. B. bei Totalschäden, Wertminderung, Verdienstausfall und als Schmerzensgeld.

1. Frau Pfiffig hat sich entschlossen, ab sofort bewusster einzukaufen. Sie geht in einen Supermarkt und kauft dort unter anderem Folgendes ein:

- in der Lebensmittelabteilung: 2 Dosen Champignons
- in der Textilabteilung: eine neue Bluse

Überprüfen Sie, welche **gesetzlichen Warenkennzeichnungsvorschriften** für diese Waren gelten. Geben Sie zusätzlich an, welche Herstellerinformationen Frau Pfiffig aufgrund dieser Vorschriften vermittelt werden müssen. Tragen Sie Ihre Erkenntnisse in die nachfolgende Tabelle ein.

Kaufobjekt (Ware)	Warenkennzeichnungs-vorschriften	Information
Champignons in Dosen (Fertigpackungen) 	Lebensmittelinformations-Verordnung Eichgesetz	• Verkehrsbezeichnung • Herstellerangaben • Verzeichnis der Zutaten (Inhaltsstoffe) • Mindesthaltbarkeitsdatum • Füllmenge • Mengenbezeichnung
	Textilkennzeichnungsgesetz	Angabe des Rohstoffgehalts nach Art und Gewichtsanteil (z. B. 100 % Baumwolle)

2. Die **Preisangabenverordnung** soll dem Verbraucher auf einfache Art Preisvergleiche ermöglichen. Geben Sie in der nachfolgenden Übersicht an, welche Vorschriften der Preisangabenverordnung jeweils gelten.

Kreditinstitute:	Für alle Kredite muss der effektive Jahreszins angegeben werden.
Tankstellen:	Die Preise müssen für heranfahrende Autofahrer deutlich lesbar sein.
Gaststätten:	Preise müssen im Schaufenster oder in Schaukästen ausgehängt sein.

3. Neben der gesetzlichen Warenkennzeichnung gibt es **freiwillige Warenkennzeichnungen der Industrie.** Ergänzen Sie die Übersicht über die nachfolgenden freiwilligen Warenkennzeichnungen.

Freiwillige Warenkennzeichnung

Güte- und Prüfzeichen

RAL GÜTEZEICHEN TAPETEN

GS

Produkte mit derartigen Zeichen verbürgen einen genau festgelegten Qualitäts- oder Sicherheitsstandard

Umweltzeichen

DER BLAUE ENGEL – JURY UMWELTZEICHEN – RESSOURCEN

Der „Blaue Engel“ wird von einer unabhängigen Jury für Produkte vergeben, die besonders umweltverträglich sind.

Produktinformation

Etiketten an Geräten erleichtern den Verbrauchern Vergleiche, denn sie informieren über wesentliche und objektiv nachprüfbare Warenmerkmale.

1. **Uwe Ehrmann erhält von einem Versandhandel drei unbestellte CDs zugeschickt. Uwe ist sich nicht sicher, ob er diese CDs nun zahlen oder nur zurückschicken muss. Sein Kollege empfiehlt ihm doch einmal bei einer Verbraucherberatungsstelle anzurufen und sich dort beraten zu lassen. Von der Verbraucherberaterin erfährt er, dass unbestellt zugesandte Ware:**

- nicht bezahlt werden muss
- nicht zurückgeschickt werden muss
- nicht aufbewahrt werden muss

2. **Uwe ist erleichtert. „Wie praktisch, dass es solche Beratungsstellen gibt", meint er. In diesem Gespräch erfährt er außerdem: Verbraucherberatungsstellen haben folgende Aufgaben:**

- Durchführung von Beratungsgesprächen
- Bereithaltung von Informationsschriften
- Informationen durch Pressemitteilungen und Veröffentlichungen
- Durchführung von Erhebungen und eigenen Untersuchungen
- Einsatz für Verbraucherinteressen

test Musik- und Videospieler 7 / 2010

www.test.de	Speichergröße in GB	Mittlerer Preis in Euro ca.	Preisspanne in Euro ca.	Ton	Bild	Handhabung	Akkubetrieb	Vielseitigkeit	Schutz vor Gehörschäden	Schadstoffe im Kopfhörer	test-QUALITÄTSURTEIL
Gewichtung				25 %	15 %	30 %	15 %	10 %	0 %	5 %	100 %
Musikspieler											
Apple iPod shuffle	2	55	52 bis 56	+	Entfällt	○	○	⊖	genügend	++	BEFRIED. (2,9)
Philips GoGear	2	41	35 bis 50	○	Entfällt	○	○	⊖	genügend	++	BEFRIED. (2,9)
Archos Clipper	2	25	24 bis 25	⊖	Entfällt	○	○	⊖	genügend	⊖	BEFRIED. (3,5)
Grundig MPaxx 940	4	35	29 bis 39	○	Entfällt	○	○	⊖	genügend	○	BEFRIED. (3,5)
Intenso Music Twister	4	31	25 bis 35	○	Entfällt	⊖	○	○	unzulänglich*)	⊖	AUSREICH. (4,0)
SanDisk Sansa Clip+	4	60	50 bis 70	○	Entfällt	○	○	○	unzulänglich*)	○	AUSREICH. (4,0)
Musik- und Videospieler											
Philips GoGear Muse	16	144	99 bis 170	+	○	+	+	+	genügend	++	GUT (2,5)

Bewertungsschlüssel der Prüfergebnisse: ++ = Sehr gut (0,5–1,5). + = Gut (1,6–2,5). ○ = Befriedigend (2,6–3,5). ⊖ = Ausreichend (3,6–4,5). — = Mangelhaft (4,6–5,5). **Bei gleichem Qualitätsurteil Reihenfolge nach Alphabet.**
***) Führt zur Abwertung.**

Die hier abgedruckten Ergebnisse sind ein Auszug. Die Stiftung Warentest prüfte bei diesem Test insgesamt 18 Musik- und Videospieler, davon 6 Musikspieler und 12 Musik- und Videospieler.

3. **Susi Paulus möchte einen Musikspieler kaufen. Sie informiert sich über das aktuelle Angebot in mehreren Fachgeschäften und Kaufhäusern. Dabei muss sie feststellen, dass die Auswahl riesig ist. Soll sie das billigste Angebot kaufen? Sind teurere auch wirklich besser? Wer kann ihr bei ihrer Entscheidung helfen? Wie wäre die verbraucherbewussteste Entscheidung?**

Die vergleichenden Tests der Stiftung Warentest in der monatlich erscheinenden Zeitschrift „test". Am besten bewertet sind der „Apple iPod shuffle" und der „Philips GoGear". Apple ist etwas teurer, aber im „Ton" etwas besser.

4. **Setzen Sie im nachfolgenden Text folgende Begriffe ein:** *verschiedenen, gemeinnützig, Preis- und Güteklasse, Industrie, Gewinn, unabhängigen, Untersuchungsmethoden, Herstellern.*

Die Stiftung Warentest wurde von der Bundesregierung als Stiftung des privaten Rechts gegründet. Sie ist gemeinnützig und darf keinen Gewinn erzielen. Bei Tests von Gütern werden in verschiedenen Geschäften mehrere Produkte zumeist einer gleichen Preis- und Güteklasse gekauft. Von Herstellern direkt werden keine Produkte angenommen. Untersuchungen im Auftrag der Industrie werden nicht durchgeführt. Untersucht werden alle Produkte grundsätzlich bei unabhängigen Spezialinstituten, nach den neuesten Untersuchungsmethoden.

5. **Nennen Sie weitere Beratungsmöglichkeiten für Verbraucher.**

- Verbraucherzentrale Bundesverband (vzbv)
- Informationsschriften von Behörden
- Verbraucherberatungssendungen in den Medien
- Mieterschutzvereine

Die wichtigste wettbewerbsrechtliche Regelung ist das **Gesetz gegen den unlauteren Wettbewerb (UWG).** Es soll den Verbraucher vor dem wettbewerbswidrigen Verhalten einzelner Waren- und Dienstleistungsanbieter schützen. Überprüfen Sie die nachfolgenden Fälle und nennen Sie das jeweils geltende Verbot nach dem UWG.

Fall	Verbot im Rahmen des UWG
1. Der Friseursalon Glatz wirbt in der Lokalpresse mit folgender Anzeige: **„Welchen Beruf hat Ihr Friseur?"** Kunden des Salon Schick hören diese Frage öfters, unsere Kunden nie.	Anschwärzen/Herabsetzen der Mitbewerber.
2. Ein Bekleidungsmarkt veranstaltet schon seit fünf Monaten einen Räumungsverkauf wegen Geschäftsaufgabe. Trotz hoher Verkaufsumsätze werden die angebotenen Textilien nicht weniger.	Irreführende Angaben über den Verkaufsanlass und Nachschieben von Ware.
3. Frau Liebig macht einen Einkaufsbummel. Von einem aufdringlichen Vertreter wird sie auf der Straße angesprochen. Der Vertreter überredet sie einem Buchclub beizutreten und vierteljährlich Bücher für mindestens 30 € zu bestellen. Zu Hause angekommen, bereut sie diese Entscheidung.	Unzumutbare belästigende Werbung, hier: aufdringliches Ansprechen des Verbrauchers auf der Straße.
4. Carola erhält unbestellt einen Kunstkalender zugeschickt.	Unzumutbare belästigende Werbung, hier: Zusenden unbestellter Ware.
5. Die Brauerei Pichler verkauft ihr Bier unter dem Werbeslogan: „Das beste Bier der Welt!"	Irreführende Werbung, Herabsetzung der Konkurrenz.
6. Ein Limonadenfabrikant füllt seine Limonade in Coca-Cola-Flaschen ab.	Unlautere Werbung, hier: Missbrauch eines fremden, geschützten Markennamens.
7. Eine Metzgerei bietet importierte Hähnchen als „Deutsche Freilandhähnchen" an.	Irreführende Angaben über den Ursprung der Ware.
8. Ein Verbrauchermarkt verkauft Gemüsemais in Dosen unter folgendem Angebot: 1 Dose 0,44 € **3 Dosen 1,35 €**	Irreführende Angaben über Preise.
9. Der Wirt Arno Specht wirbt in der Zeitung mit folgendem Angebot: „1/2 Liter Bier nur 0,50 €!" Beim Besuch des Lokals erfährt der Gast, dass dieser Preis nur gilt, wenn gleichzeitig ein Essen im Wert von mindestens 10 € bestellt wird.	Einsatz von Lockvogelangeboten und Nichteinhaltung gemachter Versprechen.
10. Ein Verlag verschickt eine Werbung für sein neues Unternehmenshandbuch. In der Werbebroschüre ist eine Liste gescheiterter Unternehmen veröffentlicht zusammen mit der Frage: „Wollen Sie der Nächste sein?"	Unlautere Werbung, die beim Käufer Angst verursacht.

… versichert gegen Hundebisse jeder Art; ausgenommen sind lediglich
a) Bisse von männlichen Hunden,
b) Bisse von weiblichen Hunden.
Kastrierte Hunde fallen nicht unter den Begriff Hund …

Das BGB enthält Vorschriften über **„Allgemeine Geschäftsbedingungen"**. Geben Sie bei den nachfolgenden Fällen an, gegen welche Bestimmungen des BGB verstoßen wurde.

Beispiele	Gegen welche Bestimmungen des BGB zur Regelung der „Allgemeinen Geschäftsbedingungen" wurde verstoßen?
Herr Sorg hat sich von der Firma Scheuermann einen neuen Blitzableiter installieren lassen. Nach 6 Monaten erscheint Herr Scheuermann um den Blitzableiter „zu warten". Als Herr Sorg dies ablehnt, erklärt Herr Scheuermann, dass aufgrund seiner Allgemeinen Geschäftsbedingungen mit jeder Blitzableiterinstallation automatisch ein zehnjähriger Wartungsvertrag für diesen abgeschlossen worden sei.	Überraschende Klauseln sind unzulässig.
Karin Knolle bestellt beim Modeversandhaus Bruch eine 199 € teuere Lederjacke. Zwei Wochen später, bei Lieferung, soll sie 228 € bezahlen. Das Versandhaus behauptet, Karin müsse aufgrund der AGB der Firma eine eventuelle Preiserhöhung während der Lieferzeit hinnehmen.	Preiserhöhungen innerhalb von 4 Monaten sind unzulässig.
Sabine Schnell bestellt im September beim Modeversand Bruch einen Wintermantel. Nachdem der Mantel im Februar noch nicht geliefert ist, möchte sie die Bestellung rückgängig machen. Firma Bruch verweist auf ihre AGB, nach denen ein Vertragsrücktritt nicht möglich sei.	Unangemessen lange Lieferfristen sind unzulässig.
Klaus Staiger kauft bei der Elektrohandlung Blitzer einen MP3-Player für 80 €. Nach vier Monaten setzt das Gerät aus. Als Klaus das Gerät zurückbringt, erklärt ihm Herr Blitzer, dass seine Firma eine Garantie nur für drei Monate übernehmen würde.	Die gesetzlichen Sachmangelhaftungsfristen dürfen nicht verkürzt werden.
Frau Krause hat in einem Fachgeschäft eine neue Waschmaschine gekauft. Als die Maschine nach drei Monaten defekt ist, verlangt sie ein neues Gerät. Der Händler verweist auf seine Allgemeinen Geschäftsbedingungen. Er ist lediglich bereit eine Reparatur vorzunehmen, und zwar für eine Kostenpauschale von 100 €.	Grundsätzlich gelten die Regelungen des BGB. Jst Nachbesserung vereinbart, dann muss diese kostenlos erfolgen.

Teilzahlungsgeschäfte

1. **Udo Häcker möchte ein Notebook kaufen. Der Händler räumt zwei verschiedene Zahlungsmöglichkeiten ein:**
- **1000 € bei Barzahlung, unter Abzug von 3 % Skonto.**
- **Zahlung in 24 Monatsraten zu 60 €.**

Wie teuer ist das Notebook bei Barzahlung?

970,– €

Wie teuer ist das Notebook bei Teilzahlung (Ratenkauf)?

1440,– €

Vorteile der Teilzahlung

- Ware ist sofort verfügbar
- Sonderangebote können ausgenutzt werden
- Zahlungsbelastung kann auf einen längeren Zeitraum verteilt werden

Nachteile der Teilzahlung

- kein Skontoabzug möglich
- Teilzahlungspreis ist höher als Barzahlungspreis
- Eigentumsvorbehalt des Verkäufers
- Ratenzahlung kann länger dauern als Nutzungszeit der Ware

Welche besonderen gesetzlichen Regelungen zum Schutz des Käufers gelten bei einem Ratenkauf?

- Der Käufer kann innerhalb von zwei Wochen ohne Angabe von Gründen schriftlich vom Vertrag zurücktreten.
- Der Verkäufer muss Angaben machen über:
  - Barzahlungspreis
  - Teilzahlungspreis
  - effektiven Jahreszins
  - Betrag, Höhe und Fälligkeit der Raten

Haustürgeschäfte

2. **Auch bei so genannten Haustürgeschäften hat der Käufer ein zweiwöchiges Rücktrittsrecht. Welche Geschäfte fallen unter den Begriff Haustürgeschäfte? Nennen Sie drei Beispiele.**

Haustürgeschäfte entstehen z. B. durch überraschendes Ansprechen des Kunden an der Wohnung, auf der Straße, am Arbeitsplatz, bei Freizeitveranstaltungen und bei Kaffeefahrten.

3. **Nennen Sie zwei Fälle, in denen der Käufer den Schutz des BGB über den Widerruf von Haustürgeschäften nicht in Anspruch nehmen kann.**

bei Bagatellgeschäften (unter 40 €), wenn der Kunde den Vertragspartner selbst bestellt hat

Produkthaftungsgesetz

4. **Udo Radelmann hat ein neues Trekkingrad gekauft. Bereits bei der ersten Radtour versagen wegen eines Materialfehlers die Bremsen. Udo knallt auf ein parkendes Auto und wird ins Krankenhaus eingeliefert. Prüfen Sie, ob Udo Ansprüche nach dem Produkthaftungsgesetz geltend machen kann.**

Ja, denn nach dem Produkthaftungsgesetz haften Hersteller für Schäden, die durch fehlerhafte Produkte verursacht wurden. (Auch wenn die Hersteller kein Verschulden trifft.)

5. **In welchen Fällen werden Privatkäufer durch das BGB bei Fernabsatzgeschäften geschützt?**

Wenn sie per Katalog, Brief, Fax, Telefon oder Internet bestellt haben.

6. **Bearbeiten Sie die folgenden Fälle zum Thema Teilzahlungsgeschäfte, Haustürgeschäfte, Produkthaftung:**

Fall	Lösung
Herr Kränklich nimmt ein Grippemittel ein. Da das Mittel heftige Allergiereaktionen auslöst, muss er 14 Tage im Krankenhaus behandelt werden. Herr Kränklich meint, dies wäre ein klarer Fall für das Produkthaftungsgesetz. Hat Herr Kränklich Recht?	Herr Kränklich hat nicht Recht. Das Produkthaftungsgesetz gilt nicht für Arzneimittel.
Herr Pfiffig wird beim Bummel durch die Fußgängerzone von Berghausen von zwei freundlichen Mitarbeitern des Europa-Buchklubs angesprochen. Da sie für die Mitgliedschaft ein besonderes Angebot machen, unterschreibt er sofort. Zu Hause bereut er seine Entscheidung. Wie beurteilen Sie den Fall?	Ansprechen auf der Straße gilt als Haustürgeschäft. Somit hat er ein zweiwöchiges Widerrufsrecht.
Plötzlich klingelt es an der Wohnungstür. Frau Saubermann steht einem jungen Mann gegenüber, der die „neueste Erfindung auf dem Gebiet der Teppichreinigung" anpreist. Überredet bestellt sie das Gerät für 149,50 €. Am nächsten Tag plagen sie erhebliche Zweifel. Sie beschließt deshalb, ihr Rücktrittsrecht in Anspruch zu nehmen. Wie sollte Frau Saubermann in diesem Fall vorgehen?	Sie sollte den Widerruf als Einschreiben verschicken, so kann sie beweisen, dass er rechtzeitig (innerhalb von 14 Tagen) erfolgt ist.

Das außergerichtliche Mahnverfahren

1. Das nachfolgende Schaubild zeigt den möglichen **Ablauf des außergerichtlichen Mahnverfahrens.** Tragen Sie jeweils die Maßnahme ein, die Sie für angemessen und sinnvoll halten.

Zeitlicher Ablauf	Die Zahlung einer Rechnung steht seit 2 Wochen aus. →	Nach Ablauf von 2 weiteren Wochen hat der Schuldner immer noch nicht bezahlt. →	Nach einer weiteren Woche zeigt der Schuldner immer noch keine Reaktion.
Angewendete Maßnahmen	Zahlungserinnerung	1. Mahnung	2. Mahnung
Formulierung/ Inhalt	sehr höfliche Formulierung	freundlich, aber entschieden	schärfere Formulierung, evtl. Androhung gerichtlicher Maßnahmen

Gerichtliches Mahnverfahren und Zwangsvollstreckung

2. Vervollständigen Sie die Abbildung über den **Ablauf des gerichtlichen Mahnverfahrens** und ergänzen Sie den Lückentext auf der folgenden Seite.

- Gläubiger beantragt: Mahnbescheid
- durch das Gericht: Erlass und Zustellung
- Schuldner
  - zahlt → Verfahren beendet
  - reagiert nicht
  - erhebt Widerspruch → *auf Antrag* → mündliche Verhandlung
- Gläubiger beantragt: Vollstreckungsbescheid
- Schuldner
  - zahlt → Verfahren beendet
  - reagiert nicht
  - erhebt Einspruch → *von Amts wegen* → mündliche Verhandlung
- mündliche Verhandlung → Urteil → *ermöglicht* → Zwangsvollstreckung
- durch das Gericht: Zwangsvollstreckung

Beim Amtsgericht beantragt der Gläubiger den Erlass eines Mahnbescheids. Das Amtsgericht leitet den Mahnbescheid dem Schuldner zu. Dieser hat nun drei Möglichkeiten: Er kann zahlen, dann ist das Verfahren beendet. Zu einer mündlichen Verhandlung kann es kommen, wenn der Schuldner Widerspruch erhebt. Reagiert der Schuldner überhaupt nicht, dann kann der Gläubiger einen Vollstreckungsbescheid beantragen. In diesem Fall hat der Schuldner ebenfalls 3 verschiedene Möglichkeiten: Er kann zahlen und damit das Verfahren beenden, er kann Einspruch erheben, der wiederum zu einer Gerichtsverhandlung führt. Wenn er den Vollstreckungsbescheid nicht beachtet, dann kann die Forderung zwangsweise durch den Gerichtsvollzieher eingetrieben werden. Dieser pfändet das Vermögen des Schuldners, indem er leicht bewegliche Gegenstände wie z. B. Schmuck einfach mitnimmt. Schwer zu transportierende Gegenstände belässt er zunächst beim Schuldner und versieht sie mit einem Pfandsiegel.
Die gepfändeten Sachen werden durch eine öffentliche Versteigerung verwertet. Reicht der Versteigerungserlös nicht aus oder verlief die Pfändung erfolglos, dann kann der Gläubiger beantragen, dass der Schuldner ein Vermögensverzeichnis aufstellt und darüber eine eidesstattliche Versicherung abgibt. Jeder, der diese Versicherung abgeben musste, wird in ein Schuldnerverzeichnis beim Amtsgericht aufgenommen. Da man entsprechende Eintragungen auf Antrag erfahren kann, verliert ein Schuldner durch diese Eintragung seine Kreditwürdigkeit.

3. Nicht alle Vermögenswerte des Schuldners dürfen gepfändet werden. Geben Sie an, ob die folgenden Vermögenswerte pfändbar sind oder nicht.

Vermögenswert	pfändbar/nicht pfändbar/teilweise pfändbar
wertvolles Gemälde	pfändbar
Geige eines Musikers	nicht pfändbar
Briefmarkensammlung	pfändbar
Fernsehgerät	nicht pfändbar
PC und Drucker eines Journalisten	nicht pfändbar
Lohn eines Facharbeiters	teilweise pfändbar
Videokamera	pfändbar
Nerzmantel	pfändbar

4. Erläutern Sie die folgende Abbildung.

Die Abbildung zeigt ein Pfandsiegel. Der Gerichtsvollzieher bringt es bei der Pfändung auf schwer zu transportierenden Gegenständen an, da er sie in der Regel nicht sofort mitnehmen kann.

Das Klageverfahren

4. Ergänzen Sie das Schaubild über den Ablauf eines Zivilprozesses durch folgende Begriffe:
zuständiges Gericht, Klageschrift, Beklagter, Klageschrift, Vergleich, Verhandlung, Kläger, Urteil, Klagerücknahme, Versäumnisurteil (Klage wird abgewiesen), Versäumnisurteil (Klage wird stattgegeben).

Kläger

Klage-schrift

zuständiges Gericht

stellt Abschrift der Klageschrift zu und lädt zur Verhandlung vor.

Beklagter

Verhandlung

Ein Zivilprozess wird beendet durch

Vergleich

wenn sich die Parteien einigen.

Urteil

wenn sich die Parteien nicht einigen.

Klagerücknahme

wenn der Kläger erkennt, dass seine Klage keinen Erfolg haben wird.

Versäumnisurteil (Klage wird abgewiesen)

wenn der Kläger nicht zur Verhandlung erscheint.

Versäumnisurteil (Klage wird stattgegeben)

wenn der Beklagte nicht zur Verhandlung erscheint.

Zahlungsarten

1.

Harry Häcker räumt seinen Schreibtisch auf; unter anderem möchte er seine bezahlten Rechnungen abheften und noch ausstehende Zahlungen erledigen.	
1	Dem Bäcker um die Ecke schuldet er 7 €, da er die Geldbörse vergessen hatte.
2	Das Fitness-Studio teilt mit, dass sein Monatsbeitrag auf 40 € erhöht wurde.
3	Seiner Nichte will er eine Geburtstagskarte und 50 € zukommen lassen.
4	Die Rechnung des Flaschners für den neuen Wasserhahn beträgt 174,50 €.
5	Seine Nachbarin hat für eine Nachnahmesendung 100 € ausgelegt, Harry hat nicht soviel Bargeld, möchte seine Schulden aber sofort bezahlen.
6	Die neue Jeanshose (49 €) hat er mit der Girokarte an der Kaufhauskasse bezahlt.
7	Den Strafzettel über 20 € hat er sofort bei der nächsten Bank beglichen.

Man unterscheidet drei verschiedene **Zahlungsarten.**
Stellen Sie fest, welche Zahlungsart jeweils vorliegt und ergänzen Sie die Übersicht um weitere Beispiele.

Barzahlung

Es wird **kein Konto** verwendet, da der Zahler Bargeld benutzt.

↓

Beispiele:

- *persönliche Geldübergabe* 1
- *Express-Brief* 3
- *Geldversand der Postbank*
- *Einschreibebrief*

Halbbare Zahlung

Es wird **ein Konto** verwendet, entweder das Konto des Zahlers **oder** das des Empfängers.

↓

Beispiele:

- *Barscheck* 5
- *Zahlschein* 7
- *Nachnahme*

Bargeldlose Zahlung

Konto

Beide, sowohl Zahler als auch Empfänger, verwenden ein **Konto.**

↓

Beispiele:

- *Dauerauftrag* 2
- *Überweisung* 4
- *Electronic Cash* 6
- *Verrechnungsscheck*
- *Lastschriftverfahren*
- *Kreditkarte*

2. Kreuzen Sie an, wer bei den folgenden Zahlungsarten ein Konto benötigt. Kreuzen Sie außerdem an, ob eine Barzahlung, eine halbbare oder eine bargeldlose Zahlung vorliegt.

Beispiel	Zahler hat Konto	Zahlungs-empfänger hat Konto	Keiner hat Konto	Barzahlung	halbbare Zahlung	bargeldlose Zahlung
Geldversand der Postbank			X	X		
Zahlschein		X			X	
Express-Brief			X	X		
Banküberweisung	X	X				X
Barscheck	X				X	
Verrechnungsscheck	X	X				X
Dauerauftrag	X	X				X

Die Barzahlung

3. **Harry Häcker, Platinenweg 5, 76327 Berghausen, verkauft seinen gebrauchten Motorroller für 500 € gegen bar an Herrn Alfred Sorg, Kelterstr. 10, 98302 Neustadt. Herr Sorg möchte, dass Harry die Zahlung quittiert.**

Quittung Nr.

	EUR	Cent
Netto		
+ % MwSt.		
Gesamt	500	00

Gesamtbetrag EUR in Worten Cent wie oben: – fünfhundert –

(Im Gesamtbetrag sind ______ % Mehrwertsteuer enthalten)

von Alfred Sorg, Kelterstr. 10
98302 Neustadt

für einen gebrauchten Motorroller

Betrag dankend erhalten.

Ort Berghausen Datum 07.06.2012

Buchungsvermerke | Stempel/Unterschrift des Empfängers: Harry Häcker

sigel Formular

a) **Füllen Sie anhand der bekannten Angaben den nebenstehenden Quittungsvordruck aus.**

b) **Weshalb sollten Käufer immer eine Quittung oder einen Kassenzettel verlangen?**

Als Nachweis
- der geleisteten Zahlung
- für Umtausch aus Kulanz
- des Kaufdatums bei Reklamationen

(= wichtig wegen Gewährleistungsfrist)

Girokonto

4.

a) **Harry Häcker sucht ein preiswertes Girokonto. In der Tageszeitung fällt ihm die nebenstehende Anzeige auf. Welche Unterlagen benötigt er zur Kontoeröffnung?**

- Personalausweis oder Reisepass

(• evtl. Unterschriftsprobe der Verfügungsberechtigten)

b) **Welche Besonderheiten wären zu beachten, wenn Harry erst 17 Jahre alt wäre?**

- Schriftliches Einverständnis beider Elternteile
- Girokonto darf nur auf Guthabenbasis geführt werden
  → keine Kontoüberziehungen
- keine Schecks und Kreditkarten

5. **Über jede Veränderung auf dem Girokonto informiert der Kontoauszug.**

a) **Welche Beträge stehen in der Soll-Spalte des Kontoauszuges, welche in der Haben-Spalte?**

- Soll-Spalte = Kontobelastungen
  und evtl. Überziehungsbetrag
- Haben-Spalte = Gutschriften
  und Guthabensbetrag

Kontonummer	Wert	Text	Soll	Umsätze	Haben
1234567890	28.04.	Überweisung	174,50		
	30.04.	Ausbildungsvergütung			476,50
Bank in Berghausen	30.04.	Dauerauftrag	40,00		
	30.04.	Lastschrift, Telekom	48,94		
	02.05.	Scheck 834567	180,00		
	03.05.	Lastschrift, Kaufmarkt	49,00		

Herrn
Harry Häcker
Platinenweg 5
76327 Berghausen

Alter Saldo

H	210,05
H	194,11

Buch.-Datum	Auszug-Nr.	Blatt-Nr.
04.05.12	36	1

b) **Worüber informiert die Wertstellung?**

Die Wertstellung gibt an, bis zu welchem Tag bzw. ab welchem Tag ein Betrag verzinst wurde.

c) **Überprüfen Sie, ob die Zahlungen aus Aufgabe 1 von der Bank richtig verbucht worden sind.**

Der Scheck wurde mit 180 € abgebucht, statt mit 100 €.

6. **Harry Häcker kann sein kostenloses Girokonto für Auszubildende nicht mehr beanspruchen. Deshalb sucht er eine neue Bankverbindung. Ermitteln Sie, welche Bank billiger ist, wenn er pro Monat etwa 5 Überweisungen ausführt und durchschnittlich 500 € auf dem Konto hat. Bankgeschäfte will er größtenteils mit dem PC erledigen. Außerdem möchte er eine Girokarte und eine Kreditkarte.**

Preisverzeichnis von Bank A

Die kostenlose Kontoführung enthält:

- Alle Buchungen wie Überweisungen, Lastschriften, Scheckeinrichtungen, Bareinzahlungen
- Daueraufträge einrichten
- Kontoauszug am Kontoauszugsdrucker
- Onlinebanking

Besonderheiten:

- Guthaben werden nicht verzinst
- Girokarte 5 €, Kreditkarte 20 €
- Zusendung eines Monatsauszugs 1 €

Preisverzeichnis von Bank B

Die Monatspauschale von 3 € enthält:

- Alle Buchungen wie Überweisungen, Lastschriften, Scheckeinreichungen, Bareinzahlungen
- Daueraufträge einrichten
- Girokarte und Kreditkarte
- Kontoauszug am Kontoauszugsdrucker
- Onlinebanking
- Zusendung eines Monatsauszugs

Besonderheiten:

- Homebanker erhalten für jeden Onlinevorgang 0,20 € Rückerstattung, maximal 5 € pro Monat
- 1,5 % Guthabenzins

Girokarte	5,00 €
+ Kreditkarte	20,00 €
+ Monatsauszüge (1 € x 12)	12,00 €
Kosten Bank A:	37,00 €

Grundpreis 3 € x 12 =	36,00 €
– Guthabenzins	7,50 €
– Rückerstattung (0,2 € x 5 x 12)	12,00 €
Kosten Bank B:	16,50 €

Zahlung mit Überweisung oder Zahlschein

7. **Sie erinnern sich: Harry Häcker hat seinen Motorroller für 500 € verkauft. Mit diesem Geld will er die Firma Volt per Überweisung bezahlen. Er überweist den Rechnungsbetrag von seinem Girokonto, Nr. 1234567890, bei der BW Bank, Bankleitzahl 60050101. Füllen Sie den nachfolgenden Überweisungsauftrag anhand der Rechnung aus.**

Elektronikversand – Spezialgeschäft für Elektronik und Computer **Herbert Volt**

Herrn
Harry Häcker
Platinenweg 5
76327 Berghausen

Breitenbachplatz 12
14195 Berlin 30
Telefon (01 00) 56 73 45, Fax (01 00) 56 45 67
Bankkonto:
Deutsche Bank AG Berlin 20 036 672
BLZ 100 302 50

Rechnung Nr. 3561 **vom** 07.06.12

Menge	Artikel	Preis €
1	Computermonitor TFT 300	229,00
1	Anschlusskabel	8,80
	+ 19% Mehrwertsteuer	45,18
	Gesamtpreis, zahlbar innerhalb von 30 Tagen	282,98

Überweisung/Zahlschein

BW BANK

(Name und Sitz des überweisenden Kreditinstituts)

Bankleitzahl: 6 0 0 5 0 1 0 1

Den Vordruck bitte nicht beschädigen, knicken, bestempeln oder beschmutzen.

Begünstigter: Name, Vorname/Firma (max. 27 Stellen)
F I R M A V O L T B E R L I N

Konto-Nr. des Begünstigten
2 0 0 3 6 6 7 2

Bankleitzahl
1 0 0 3 0 2 5 0

Kreditinstitut des Begünstigten
D E U T S C H E B A N K A G B E R L I N

EUR

Betrag: Euro, Cent
2 8 2 , 9 8

Kunden-Referenznummer - Verwendungszweck, ggf. Name und Anschrift des Überweisenden - (nur für Begünstigten)
R E C H N . N R . 3 5 6 1 V O M 0 7 . 0 6 . 1 2

noch Verwendungszweck (insgesamt max. 2 Zeilen à 27 Stellen)

Kontoinhaber/Einzahler: Name, Vorname/Firma, Ort (max. 27 Stellen, keine Straßen- oder Postfachangaben)
H A E C K E R , H A R R Y B E R G H A U S E N

Konto-Nr. des Kontoinhabers
1 2 3 4 5 6 7 8 9 0

18

Schreibmaschine: normale Schreibweise!
Handschrift: Blockschrift in GROSSBUCHSTABEN, bitte je Zeichen ein Kästchen verwenden!

113 277 500 09/2001 04002

10.06.12, Harry Häcker

Datum, Unterschrift

8. Wie muss Harry vorgehen, wenn er das oben abgebildete Formular als **Zahlschein** verwenden möchte?

Er muss das Geld bar am Bankschalter einzahlen.

9. Ergänzen Sie die Aussagen über den **Dauerauftrag** und die **Einzugsermächtigung (Lastschriftverfahren).**

Ein **Dauerauftrag** dient zur Zahlung von gleichbleibenden Beträgen, die zu festen Zahlungsterminen anfallen, z.B. Miete, Vereinsbeiträge.

Eine schriftliche **Einzugsermächtigung (Lastschriftverfahren)** ist sinnvoll, wenn Zahlungen in unterschiedlicher Höhe oder zu unterschiedlichen Terminen anfallen, z.B. Telefonrechnung, Stromkosten.

Die Einzugsermächtigung kann jederzeit schriftlich widerrufen werden. Unberechtigt abgebuchte Zahlungen müssen sofort zurückgebucht, wenn der Kontoinhaber dies verlangt.

122–123, 126

Datum: ....

Zahlung mit Scheck

10. Harry hat seine ursprüngliche Absicht geändert. Er möchte der Firma Volt lieber einen Scheck zusenden. Füllen Sie das abgebildete Scheckformular aus und verwenden Sie die Angaben aus der Rechnung (siehe Aufgabe 7).

BW | Bank
Baden-Württembergische Bank

Nur zur Verrechnung

Stuttgart

DE

Zahlen Sie gegen diesen Scheck

EUR

Betrag: Euro, Cent
282,98

zweihundertzwei-
Betrag in Buchstaben

undachtzig
noch Betrag in Buchstaben

Berghausen
Ausstellungsort

an Herbert Volt, Elektronikversand
oder Überbringer

10.06.12
Datum

Harry Häcker
Unterschrift des Ausstellers

102100755 5/05 MB 2000

Der vorgedruckte Schecktext darf nicht geändert oder gestrichen werden. Die Angabe einer Zahlungsfrist auf dem Scheck gilt als nicht geschrieben.

Scheck-Nr.	Konto-Nr.	Betrag	Bankleitzahl	Text

0000500453796⑈ 1234567⑆ 60050101⑈ 01⑆

Bitte dieses Feld nicht beschriften und nicht bestempeln

11. Ein Kollege rät Harry, auf keinen Fall einen Barscheck zu versenden, sondern nur einen Verrechnungsscheck. Wandeln Sie den vorstehenden Scheck in einen Verrechnungsscheck um und erläutern Sie Ihre Vorgehensweise.

Durch den Vermerk „Nur zur Verrechnung", der möglichst in die linke obere Ecke eingetragen wird.

12. Welcher Unterschied besteht zwischen einem Verrechnungsscheck und einem Barscheck?

Ein Verrechnungsscheck wird nicht bar ausbezahlt. Er darf nur dem Girokonto des Überbringers gutgeschrieben werden. Da die Verwendung nachvollzogen werden kann, ist ein Missbrauch fast ausgeschlossen.

Zahlung mit Karten

13. Beschreiben Sie den Zahlungsvorgang bei der abgebildeten bargeldlosen Zahlungsmöglichkeit.

Die Geldkarte enthält einen Mikrochip, der bei der Bank bis 200 € aufgeladen werden kann. Zur Zahlung wird die Karte in den Automaten gesteckt; der Betrag wird automatisch abgebucht.
Ist die Karte leer, kann sie wieder aufgeladen werden.

14. **Erläutern Sie den abgebildeten Zahlungsvorgang mit electronic cash.**

Photo Baumann
STUTTGART KOENIGSTRASSE

KONICA KAMERA 208000348447	239,95
BEREITSCHAFTSTASCHE 208000348449	35,00
TOTAL:	**274,95**

ec-KARTE: 274,95
BLZ: 60030512
Konto-Nr.: 00000912789

0293 010017 216 29.04.12 16:21

VIELEN DANK FUER IHREN EINKAUF

1. Der Verkäufer tippt den Rechnungsbetrag in die Kasse ein.
2. Die Kundenkarte wird in das Lesegerät geschoben.
3. Der Kunde tippt seine Geheimzahl ein.
4. Nach Überprüfung der Zahlungsfähigkeit wird der Betrag vom Konto abgebucht.
5. Der Kunde erhält einen Kassenbeleg.

15. **Vervollständigen Sie den Lückentext über die Zahlung mit Kreditkarte durch folgende Begriffe:** *abbuchen, Kreditkarte, Kopie, Rechnungen, Kontrolle, Girokonto, unterschreibt, Kartengesellschaft*

Der Kartenkunde legt seine Kreditkarte vor. Mit einem speziellen Gerät werden die Kartendaten auf der Rechnung abgedruckt. Der Kunde unter- schreibt die Rechnung und erhält eine Kopie zu seiner Kontrolle. Je nach Abrechnungszeitraum der Kartengesellschaft erhält er dann eine Abrechnung über alle Rechnungen die in diesem Zeitraum angefallen sind. Die Kartengesellschaft verfügt über eine Einzugsermächtigung und lässt den Gesamtbetrag vom Girokonto des Karteninhabers abbuchen.

16. **Vervollständigen Sie die Zusammenfassung über die Zahlung mit Karten.**

Zahlung mit Karten

- girocard: electronic cash – **Zahlung mit** Girokarte + Geheimzahl
- Maestro: electronic cash (weltweit) – **Zahlung mit** Girokarte + Geheimzahl
- ELV – Elektronisches Lastschriftverfahren (ohne Zahlungsgarantie) – **Zahlung mit** Girokarte + Unterschrift
- GeldKarte: Geldkarte – **Zahlung mit** aufladbarer Geldkarte
- VISA / MasterCard: Kreditkarte – **Zahlung mit** Kreditkarte + Unterschrift

17. **In der Schalterhalle von Harrys Bank hängt nebenstehendes Plakat, mit dem für Homebanking oder Internetbanking geworben wird.**
Welche Ausrüstung benötigt Harry, wenn er am Internetbanking teilnehmen möchte?

Harry benötigt:
- einen Telefon- oder DSL-Anschluss
- einen PC
- entsprechende Software
- ein Modem

Der Binnenwert des Geldes

1. Die Kaufkraft drückt den Wert des Geldes aus.

Beispiel einer Geldwertverschlechterung		
	Preise steigen Für Waren, die 1950 100 DM kosteten, musste man bezahlen	**Geldwert sinkt** Für eine Mark bekam man also 1985 soviel wie früher für:
1950:	100,–	0,33
1955:	110,–	0,36
1960:	121,–	0,40
1965:	138,–	0,46
1970:	155,–	0,51
1975:	208,–	0,68
1980:	251,–	0,83
1985:	303,–	1,–

a) Erläutern Sie, was man unter der **Kaufkraft** versteht.

Die Kaufkraft gibt an, wie viele Güter man für einen bestimmten Geldbetrag kaufen kann.

b) Wie hat sich die Kaufkraft zwischen 1950 und 1985 entwickelt?

Die Kaufkraft hat in diesen Jahren stark abgenommen.

2. Die Kaufkraft ist abhängig von der allgemeinen Preisentwicklung. Ergänzen Sie die Schaubilder.

Entwicklung der Kaufkraft

steigen ↑ **Preise** — Kaufkraft ↓ sinkt

Entwicklung der Kaufkraft

Preise ↓ sinken — steigt ↑ **Kaufkraft**

3.

a) Wie werden **Kaufkraftveränderungen** gemessen?

Durch den Preisindex für die Lebenshaltung

b) Erläutern Sie in diesem Zusammenhang, was man unter dem **Warenkorb** versteht.

Er enthält alle Güter und Dienstleistungen, die alle privaten Haushalte kaufen, bewertet zu Bundesdurchschnittspreisen.
Die prozentuale Veränderung dieser Preise misst der Preisindex für die Lebenshaltung. Die Aufstellung des Warenkorbes wird auf ein Basisjahr bezogen (derzeit: 2005).

Inflation und Deflation

1. **Nachfolgend sehen Sie zwei Beispiele über die Entwicklung des Geldwertes. Ergänzen Sie die fehlenden Textstellen.**

Beispiel 1
Für 100 € erhielt ein Käufer:

2003
2006
2009
2012

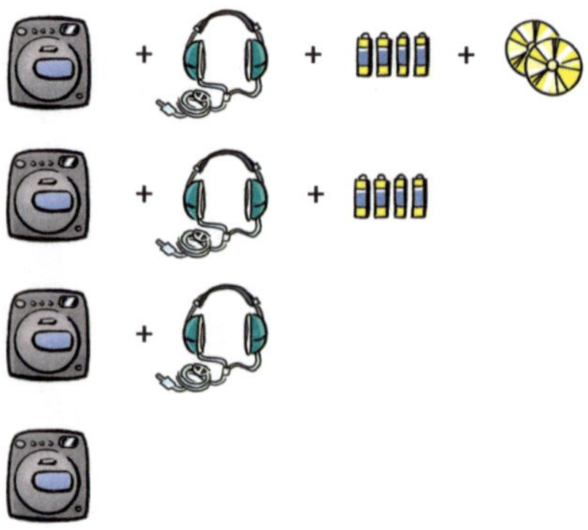

Der Käufer erhält für den gleichen Geldbetrag weniger Güter.

Diese Entwicklung des Geldwerts nennt man Inflation

Beispiel 2
Für 100 € erhielt ein Käufer:

2003
2006
2009
2012

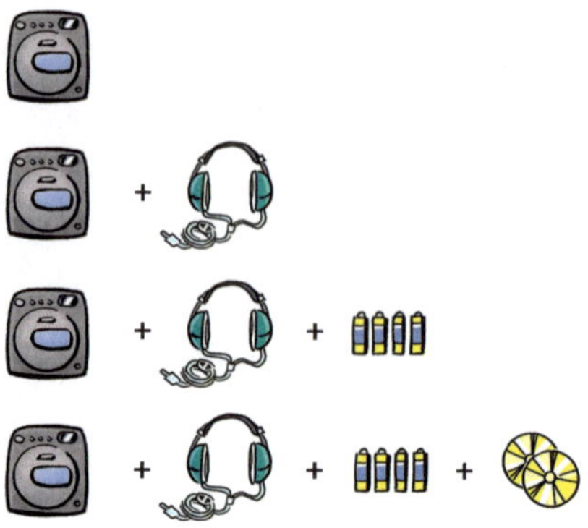

Der Käufer erhält für den gleichen Geldbetrag mehr Güter.

Diese Entwicklung des Geldwerts nennt man Deflation

2. **Inflation und Deflation entstehen, wenn sich das Verhältnis zwischen der Gütermenge und der Geldmenge eines Staates verändert. Ergänzen Sie die Übersicht.**

Geldmenge ⟷ Gütermenge	Geldmenge ⟷ Gütermenge	Geldmenge ⟷ Gütermenge
Die Preise steigen	Die Preise sind stabil	Die Preise sinken
Der Geldwert sinkt	Der Geldwert ist stabil	Der Geldwert steigt
Dies führt zur Inflation		Dies führt zur Deflation

Mögliche Ursachen dieser Entwicklung (Inflation):

- Lohnerhöhungen
- höhere Staatsausgaben
- Steuersenkungen
- Exportüberschüsse
- Zinssenkungen
- höhere Rohstoffpreise

Mögliche Ursachen dieser Entwicklung (Deflation):

- geringere Staatsausgaben
- Steuererhöhungen
- verstärktes Sparen
- Zinserhöhungen
- steigende Importe

3. **Welche Auswirkungen haben Inflation und Deflation? Vervollständigen Sie die Übersicht.**

Auswirkung einer Inflation		Auswirkung einer Deflation
Die Kaufkraft der Einkommen sinkt.	← auf **Verbraucher** →	Die Kaufkraft der Einkommen steigt.
Sparguthaben verlieren an Wert, die Sparer verlieren.	← auf **Sparer** →	Sparguthaben gewinnen an Wert, die Sparer gewinnen.
Schulden sinken im Wert, die Gläubiger verlieren.	← auf **Gläubiger** u. **Schuldner** →	Schulden steigen im Wert, die Gläubiger gewinnen.

4. **Überlegen Sie, welche Nachteile eine Deflation bringt.**

Nachteile einer Deflation

für Arbeitnehmer	für Unternehmer	für den Staat
• steigende Arbeitslosigkeit	• Absatzrückgang	• geringere Steuereinnahmen
• Kurzarbeit	• Insolvenzen	• höhere Sozialausgaben

5. **Ergänzen Sie den Lückentext über die Arten einer Inflation.**

Preisentwicklung für 1 kg Roggenbrot in Berlin	
Januar 1919	0,54 Mark
Dezember 1921	3,90 Mark
Dezember 1922	163,15 Mark
März 1923	463,00 Mark
Juni 1923	1 428,00 Mark
Juli 1923	3 465,00 Mark
August 1923	69 000,00 Mark
September 1923	1 512 000,00 Mark
Oktober 1923	1 743 000 000,00 Mark
November 1923	201 000 000 000,00 Mark

Die beiden Abbildungen zeigen die Entwicklung einer galoppierenden Inflation. Sie liegt vor, wenn die jährlichen Preissteigerungsraten über 20 % liegen. Beispiele: Deutschland 1923, Simbabwe 2009, viele südamerikanische Länder. Von einer schleichenden Inflation spricht man, wenn die jährlichen Preissteigerungen gering sind.

Wechselkurse

Devisen- und Banknotenkurse (21.02.2012)				
	Devisenkurse (1 € entspricht)		Banknoten (1 € entspricht)	
	Geld[1]	Brief[2]	Geld[1]	Brief[2]
US-$	1,3253	1,3255	1,26	1,39
Brit. £	0,8389	0,8391	0,80	0,87
Yen	105,650	150,680	100,25	114,25
sfr	1,2080	1,2083	1,17	1,25
Can. $	1,3192	1,3198	1,25	1,40
dKr	7,4363	7,4366	7,09	7,84
nKr	7,5295	7,5325	7,13	8,13
sKr	8,8043	8,8073	8,36	9,51

[1] Ankauf [2] Verkauf

1. Der Außenwert einer Währung wird bestimmt durch das Austauschverhältnis gegenüber anderen Währungen. Dieses Tauschverhältnis wird ausgedrückt durch den Wechselkurs. Erläutern Sie, was man unter dem Wechselkurs versteht.

Der Wechselkurs gibt an, wie viele Einheiten einer ausländischen Währung auf einen Euro entfallen.
Beispiel: Kurs 1,25 für sfr bedeutet: für 1,25 sfr erhält man einen Euro.

Freie Wechselkurse

2. Wie die nachfolgende Abbildung zeigt, hat sich der Kurs des US-Dollars in den letzten Jahren ständig verändert. Freie Wechselkurse, wie der des amerikanischen Dollars, bilden sich an den Devisenbörsen durch Angebot und Nachfrage (= Floaten). Geben Sie bei den beiden Beispielen an, wie sich der Kurs entwickelt.

Kursentwicklung des US-Dollars							
Mai 2002:	1,09 €	Jan 2003:	0,94 €	Mai 2003:	0,86 €	März 2009:	0,78 €
Nov 2002:	1,00 €	März 2003:	0,93 €	Juli 2003:	0,88 €	Februar 2012:	0,75 €

Beispiel 1:

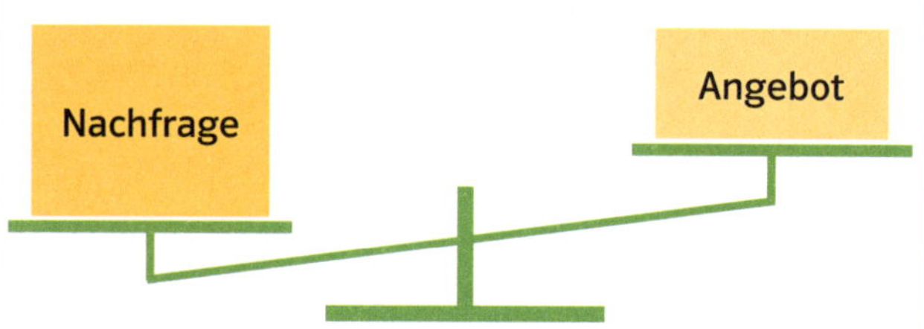

Folge: Der Kurs steigt

Beispiel 2:

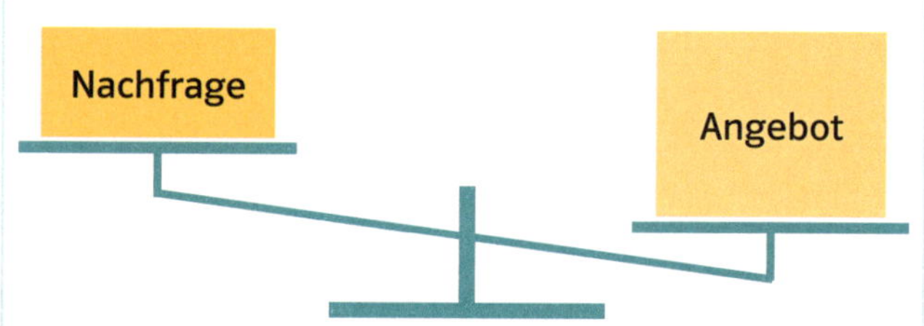

Folge: Der Kurs sinkt

3. Welches Problem entsteht bei den Unternehmen durch freie Wechselkurse?

Schwankende Wechselkurse verhindern eine sichere Kalkulation, d.h. sie können große Verluste verursachen.

4. Zeigen Sie am Beispiel des US-Dollars, welche Auswirkungen sich ergeben können, wenn der Wechselkurs einer Währung steigt oder fällt.

Der **Kurs** des US-Dollars sinkt

Der Euro nimmt gegenüber dem US-Dollar an Wert zu.

Der Urlaub in den USA wird billiger.

← Auswirkungen auf deutsche **Amerika-urlauber** →

Der **Kurs** des US-Dollars steigt

Der Euro verliert gegenüber dem US-Dollar an Wert.

Der Urlaub in den USA wird teurer.

Der **Kurs** des US-Dollars sinkt		Der **Kurs** des US-Dollars steigt
Die Einfuhr von Waren aus den USA wird billiger.	← Auswirkungen auf den **Import** (Einfuhr) →	Die Einfuhr von Waren aus den USA wird teurer.
Deutsche Waren (Ausfuhr) werden in den USA teurer.	← Auswirkungen auf den **Export** (Ausfuhr) →	Deutsche Waren (Ausfuhr) werden in den USA billiger.
Höhere Arbeitslosigkeit durch zunehmende Jmporte und abnehmende Exporte. Die Konjunktur wird gedämpft.	← Mögliche Auswirkungen auf **Arbeitsmarkt** und **Konjunktur** →	Zunehmende Beschäftigung durch erhöhte Exporte und verminderte Jmporte. Die Konjunktur wird angekurbelt.

Feste Wechselkurse – Europäisches Währungssystem

4. Bereits 1979 wurde das Europäische Währungssystem (EWS) geschaffen. Überlegen Sie, weshalb die Staaten der EU sich damals auf feste Wechselkurse geeinigt haben.

um Wechselkursschwankungen zu vermeiden.

5. Heute ist der Nachfolger des Europäischen Währungssystems, der Wechselkursmechanismus II (WKM II), eine verbindliche Vorstufe zum Euro für EU-Staaten, die noch nicht an der Währungsunion teilnehmen konnten, sowie für neue EU-Mitglieder.
Der Kurs darf nur in engen Grenzen (sog. Bandbreite) von einem vereinbarten Leitkurs (= Parität) abweichen.
Ergänzen Sie das Schaubild durch folgende Begriffe:
kauft, Bandbreite, Parität, oberer Interventionspunkt, verkauft, unterer Interventionspunkt.

Die Europäische Zentralbank verkauft dänische Kronen

Band-breite

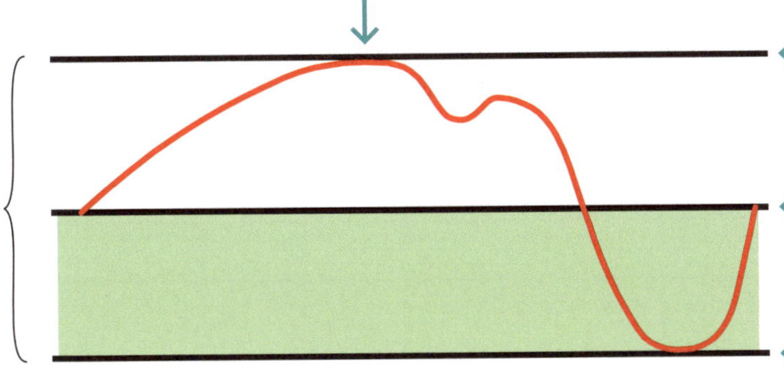

Die Europ. Zentralbank greift ein, um den Anstieg zu begrenzen.
oberer Jnterventionspunkt

Parität

Die Europ. Zentralbank greift zur Kursstützung ein.
unterer Jnterventionspunkt

Die Europäische Zentralbank kauft dänische Kronen

Europäische Währungsunion

1. Mit der **Europäischen Währungsunion (EWU)** soll für die Mitgliedstaaten der Europäischen Union (EU) die einheitliche Währung Euro eingeführt werden. Welche Vorteile sehen Sie in einer einheitlichen europäischen Währung?

- Verluste durch Wechselkursschwankungen entfallen.
- Grenzüberschreitende Investitionen werden erleichtert.
- Kosten für Umtausch in verschiedene Währungen entfallen.
- Preisvergleiche werden erleichtert.

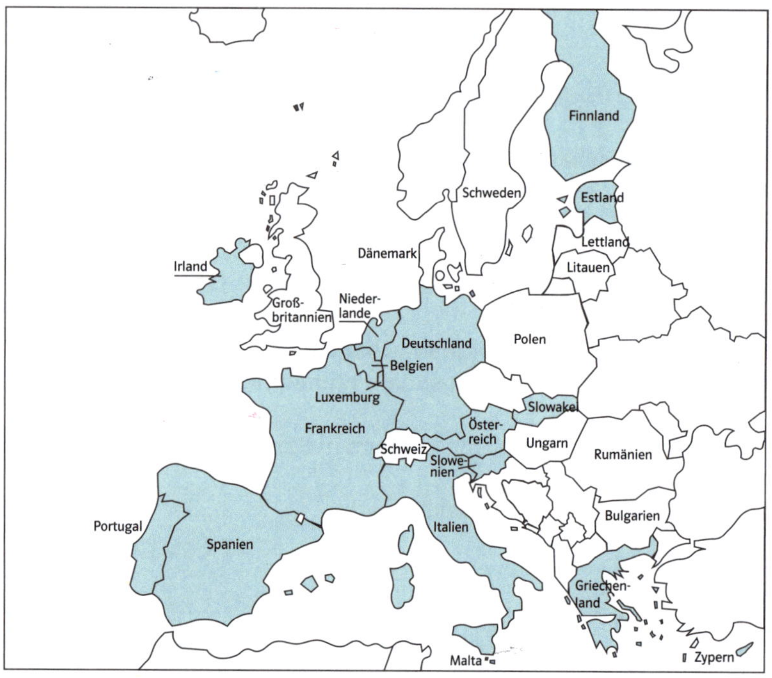

2. Wovon hängt die Teilnahme eines Landes an der Währungsunion ab?

- stabile Preise
- niedrige Zinsen
- stabile Wechselkurse (mindestens 2 Jahre im WKM II)
- gesunder Staatshaushalt (max. 3 % des BIP)
- kleiner Schuldenberg (max. 60 % des BIP)

3. Welche Länder haben diese Voraussetzungen erfüllt und nehmen an der Währungsunion teil (Stand 2012)? Markieren Sie diese Länder zusätzlich farbig in der nebenstehenden Karte.

Belgien, Deutschland, Estland, Finnland, Frankreich, Irland, Italien, Luxemburg, Malta, Niederlande, Österreich, Portugal, Slowakei, Slowenien, Spanien, Griechenland, Zypern

4. Welche EU-Länder haben sich entschieden, an der Währungsunion nicht teilzunehmen und statt dessen ihre nationalen Währungen zu behalten?

Dänemark, Großbritannien, Schweden

Anmerkung: Neue Mitgliedsländer wie Polen, Tschechien oder Ungarn müssen zuerst zwei Jahre am WKM II teilnehmen.

1. **Manuela Clever hat eine Ausbildung als Bäckereiverkäuferin begonnen. Einen Teil ihrer Ausbildungsvergütung möchte sie zukünftig sparen. Dabei fragt sie sich, wozu man überhaupt spart und wie sie ihr Geld gut anlegen könnte. Ergänzen Sie die Übersicht.**

Wofür spare ich?

- Notgroschen
- Zukunftssicherung
- Altersvorsorge
- Rücklage für günstige Kaufgelegenheiten
- Anschaffungen wie Autos, Möbel usw.

↑

Sparzweck

Wie kann ich das Geld gut anlegen?

- Sparbuch
- Aktien
- Bausparen
- festverzinsliche Wertpapiere
- Gold, Immobilien
- Investmentzertifikate

usw.

↑

Anlageform

2. **Manuela Clever muss sich nun entscheiden, welche Anlageform bzw. welche Sparform sie wählt. Eine schwierige Entscheidung, die gut überlegt sein will. Von welchen Faktoren hängt die Wahl einer bestimmten Geldanlage ab?**

Anlagekriterien

Ertrag (Rendite)

Sicherheit (Risiko)

Verfügbarkeit

mögliche Steuerersparnis

3. **Nicht jede Sparform ist für jeden Zweck geeignet. Welche Sparformen würden Sie im folgenden Fall wählen?**

Eva Nott, Friseurin, ist 18 Jahre alt. Sie erbt überraschend 20 000 €. Erst vor drei Monaten hat sie einen Kredit zum Kauf eines Gebrauchtwagens aufgenommen. In einigen Jahren will sie die Meisterprüfung ablegen und einen eigenen Salon eröffnen.

Geeignete Sparform(en): Zuerst Kreditrückzahlung, für den Rest z. B. Sparbriefe, Anleihen, Bundesschatzbriefe usw.

Begründung: Kreditrückzahlung, da Kreditzinsen meist höher sind als Anlagezinsen. Sparbriefe, Anleihen usw., da das Geld erst in einigen Jahren benötigt wird und weil höhere Zinsen gezahlt werden.

144–149

Datum: ....

4. **Ein Sparer hat sein Geld auf einem Sparkonto mit dreimonatiger Kündigungsfrist angelegt. Erläutern Sie, wie er über sein Geld verfügen kann.**

Jeden Kalendermonat kann er je nach Bank zwischen 1500 € und 2000 € abheben. Höhere Abhebungen muss er 3 Monate zuvor ankündigen. Andernfalls muss er Vorschusszinsen zahlen.

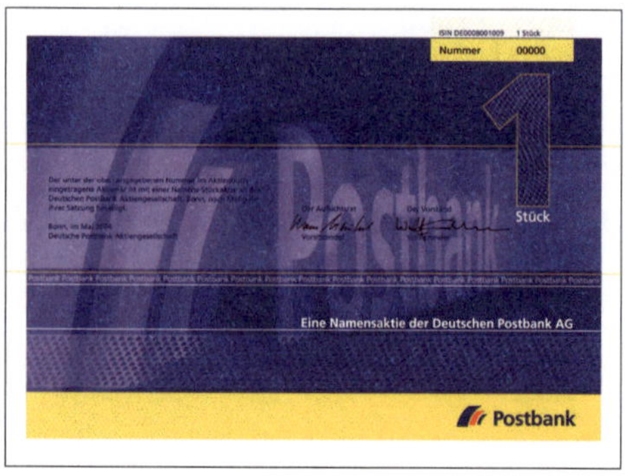

5. **a) Weshalb ist das Aktiensparen eine der risikohaftesten Sparformen?**

Aktien unterliegen teils erheblichen Kursschwankungen.

b) Welche Gewinnmöglichkeiten bietet normalerweise eine Aktie?

- Dividende (Gewinnanteil)
- evtl. Kursgewinne bei Verkauf

Inhaberschuldverschreibung in Höhe von 100 € mit 5,0 % jährlicher Verzinsung

6. **Weshalb gelten festverzinsliche Wertpapiere als sichere Geldanlage? Ergänzen Sie den Lückentext durch folgende Begriffe:** *Kurs, Kredit, Unternehmung, Laufzeit, steigt, Einstandskurs, 100%igen, Kursschwankungen, fällt.*

Mit einer **Aktie** beteiligt man sich an einer Unternehmung, ihrem Vermögen und ihren Fähigkeiten. Ändert sich beispielsweise deren Ertragsaussicht, dann kann sich der Kurs verschlechtern, teilweise unter den Einstandskurs. Bei **festverzinslichen Wertpapieren** gewährt man dem Aussteller des Papiers einen Kredit. Nach Ablauf der vereinbarten Laufzeit wird dieser in voller Höhe zurückgezahlt. Während der Laufzeit kann es zu Kursschwankungen kommen. Dies ist der Fall, wenn der Kapitalmarktzins gegenüber dem Wertpapierzins steigt oder fällt. An der 100%igen Endauszahlung ändert sich dadurch nichts.

Sparförderung

7. **Vervollständigen Sie die Übersicht über die staatliche Sparförderung für einen ledigen Arbeitnehmer.**

Anlageart	Merkmale	Ertrag	Festlegungsfrist
 Bausparen	• 470 € + 512 € können pro Jahr begünstigt angespart werden. • der Bausparer hat Anspruch auf ein zinsgünstiges Darlehen	• 9 % Sparzulage von maximal 470 • 8,8 % Wohnungsbauprämie von maximal 512 €	• In der Regel 7 Jahre
 Beteiligungssparen	• 400 € pro Jahr können begünstigt angespart werden. • mit den Sparbeträgen werden Beteiligungspapiere gekauft, z. B.: Aktien, Investmentzertifikate	• 20 % Sparzulage von maximal 400 €	• In der Regel 7 Jahre

1. Nennen Sie die drei wichtigsten **Kreditarten** für Privatpersonen.

Hypotheken-darlehen

Konto	
Soll	

Dispositions-kredit

Konsumenten-kredit

2. Ergänzen Sie anhand der vorgegebenen Kriterien den Unterschied zwischen einem Anschaffungsdarlehen und einem Dispositionskredit (Überziehungskredit).

	Konsumentenkredit (Ratenkredit):	Dispositionskredit (Überziehungskredit):
Kreditzweck	teure Anschaffungen wie z.B. Autos, Möbel	kurzfristige Kontoüberziehungen
Laufzeit	vereinbarte Laufzeit	unbefristet
Rückzahlung	gleichbleibende Raten	über Lohn- und Gehaltsüberweisungen
Zinssatz	gleichbleibend	veränderlich (variabel)
Abschluss (Form)	schriftlicher Kreditvertrag	formlose Einräumung durch Kreditinstitut

3. Familie Berger will ein neues Auto kaufen und das alte in Zahlung geben. Insgesamt fehlen noch 5000,00 €. Diese sollen durch einen **Ratenkredit** finanziert werden. Die Familie hat jeden Monat folgende Einnahmen und Ausgaben:

Einnahmen:		Ausgaben:	
• Nettoeinkommen	2068,50 €	• Miete inkl. Nebenkosten	670,00 €
		• Lebenshaltungskosten	610,00 €
		• laufende Kfz-Kosten	240,00 €
		• sonstige Ausgaben (Versicherungen, Sparverträge usw.)	165,00 €

a) Welchen Betrag hat Familie Berger jeden Monat zur freien Verfügung?

Einnahmen – Ausgaben = 2068,50 € – 1685,00 € = 383,50 €

b) Die Bank macht folgendes Kreditangebot: 8,4 % Zins pro Jahr, 2 % Bearbeitungsgebühr, Tilgung in 24 Monatsraten. Berechnen Sie den Rückzahlungsbetrag, die monatliche Kreditrate und beurteilen Sie die Kreditwürdigkeit der Familie.

Kreditbetrag	5000,00 €
+ Zinsen (8,4 % von 5000,00 €)	420,00 €
+ Bearbeitungsgebühr (2 % von 5000,00 €)	100,00 €
= **Rückzahlungsbetrag**	5520,00 €

Monatliche Kreditrate: 5520,00 € : 24 Monate = 230,00 € / Monat

Kreditwürdigkeit: Das Einkommen reicht für den Ratenkredit.

4. **Eine wichtige Voraussetzung für jede Kreditgewährung ist das Vorhandensein von entsprechenden Sicherheiten. Geben Sie an, welche Kreditsicherheit jeweils zugrundegelegt wurde.**

Martinas neuer Fernseher wurde mit einem Anschaffungsdarlehen finanziert. Das Gerät steht zwar in ihrer Wohnung, aber bis zur vollständigen Tilgung des Kredits gehört es der Bank.	Frau Bauers Arbeitgeber zieht jeden Monat vom Nettolohn noch die Raten für ihren Bankkredit ab.	Damit Klaus mit seiner geringen Ausbildungsvergütung ein Bankkredit zum Gebrauchtwagenkauf eingeräumt wird, verpflichten sich seine Eltern, notfalls die ausstehenden Raten zu übernehmen.
↓ Sicherungsübereignung	↓ Lohn-/Gehaltsabtretung	↓ Bürgschaft

5. **Über drei Millionen Haushalte sind überschuldet. Wie sollten sich Kreditnehmer verhalten, die in Zahlungsschwierigkeiten sind?**

- Freunde und Angehörige um Hilfe bitten
- mit der Bank sprechen
- Pfändungsschutzkonto einrichten
- Schuldnerberatung aufsuchen
- unseriöse Kreditvermittler („Kredithaie") meiden
- evtl. Insolvenzverfahren beantragen

6. **Ergänzen Sie die Abbildungen über das Zustandekommen eines Kreditvertrags.**

Der Kreditgeber (Bank, Sparkasse)

prüft

- Kreditwürdigkeit
- Kreditfähigkeit

z. B.: – Einkommen
– bereits vorhandene finanzielle Verpflichtungen bzw. Schulden des Kreditnehmers

↓

Verlangt unter Umständen zusätzliche Sicherheiten:

- Bürgschaft
- Lohn-/Gehaltsabtretung
- Sicherungsübereignung
- Risikolebensversicherung

Der Kreditnehmer (Kunde)

Ermittelt die für ihn tragbare

monatliche Belastung

↓

vergleicht verschiedene Kreditangebote bezüglich

- der absoluten Kosten des Kredits
- des effektiven Jahreszinses

→ **Kreditvertrag** ←

 158, 159, 168 Datum: ....

Arbeiten, wo andere Urlaub machen

Für unsere Filiale in Lindau suchen wir für sofort oder später eine/n tüchtige/n

Fleischereiverkäufer/in

Neben einer abgeschlossenen Berufsausbildung erwarten wir Grundkenntnisse im Partyservice. Es handelt sich um eine gut dotierte Stellung in einem modern eingerichteten Betrieb, die teamorientiertes Arbeiten voraussetzt. Sie sind engagiert und zielstrebig? Dann bieten sich beste Zukunftschancen. Vorbildliche Sozialleistungen, 5-Tage-Woche usw. sind für uns selbstverständlich.

Ihre Bewerbung mit den üblichen Bewerbungsunterlagen senden Sie bitte an:

Schleckermann OHG, Hugo-Holzer-Str. 12, 88131 Lindau

1. Manuela Bauer hat soeben ihre Ausbildung zur Fleischereiverkäuferin abgeschlossen. Deshalb möchte sie sich für die angebotene Stelle bewerben. Erläutern Sie, was zu den üblichen Bewerbungsunterlagen gehört.

Zu den Bewerbungsunterlagen gehören das Bewerbungsschreiben, ein Lebenslauf mit Bewerbungsfoto, die letzten Schulzeugnisse, Arbeitszeugnisse, der Nachweis der Berufsausbildung (z. B. Gesellenbrief).

2. Aufgrund ihrer Bewerbung wird Manuela Bauer von der Schleckermann OHG zu einem Vorstellungsgespräch eingeladen. Welche Pflichten haben die Gesprächspartner beim Vorstellungsgespräch?

Pflichten des Einstellenden:

- diskreter Umgang mit den Bewerbungsunterlagen
- Verbot bestimmter Fragen (z. B. nach Schwangerschaft)
- ausreichende Information über den Arbeitsplatz
- Kostenersatz, wenn die Bewerberin zum Vorstellungsgespräch eingeladen wurde

Pflichten des Bewerbers:

- wahrheitsgemäße Auskunft über ihre Qualifikationen
- Mitteilung, welche Anforderungen sie nicht erfüllen kann
- Mitteilung von Lohnpfändungen

3. Manuela hat sich entschlossen, lieber eine Stelle in Italien anzutreten. Braucht sie hierzu eine italienische Arbeitserlaubnis?

Staatsangehörige von EU-Mitgliedsländern genießen Freizügigkeit.
(Stand: 2012)
Arbeitnehmer aus den neuen EU-Ländern Bulgarien und Rumänien benötigen bis 2014 noch eine Arbeitserlaubnis.

1. Ergänzen Sie den Lückentext und stellen Sie fest, wer die Vertragspartner beim Arbeitsvertrag sind.

Der Abschluss eines Arbeitsvertrages ist formfrei, d.h. es ist keine bestimmte Form vorgeschrieben. Jedoch verpflichtet das **Nachweisgesetz** den Arbeitgeber, die wichtigsten Vertragsbedingungen schriftlich niederzulegen, zu unterschreiben und dem Arbeitnehmer auszuhändigen. Dadurch werden unnötige Streitigkeiten verhindert und vereinbarte Ansprüche können ohne Beweismangel durchgesetzt werden. Die Niederschrift muss mindestens folgende Punkte beinhalten:

Arbeitgeber

Arbeitsvertrag

- Namen der Vertragspartner
- Vertragsbeginn, ggf. Befristung
- Verdiensthöhe
- Urlaubsanspruch
- Probezeit
- Arbeitszeit
- Art der Beschäftigung
- Kündigungsfristen

Arbeitnehmer

2. Ergänzen Sie das Schaubild.

Arbeitsvertrag

Pflichten des Arbeitgebers

- Arbeitsvergütung
- Beschäftigung
- Fürsorge
- Zeugnis

Pflichten des Arbeitnehmers

- Arbeitsleistung
- Gehorsamspflicht
- Schweigepflicht
- Sorgfaltspflicht
- Wettbewerbsverbot

3. Unterscheiden Sie zwischen einem einfachen und einem qualifizierten Arbeitszeugnis.

Arbeitszeugnis

einfaches Arbeitszeugnis

Es enthält nur die Art und Dauer der Beschäftigung.

qualifiziertes Arbeitszeugnis

Auf Wunsch des Arbeitnehmers enthält es zusätzlich dessen Führung und Leistung.

 162–163 Datum: ....

4. Beurteilen Sie die folgenden Formulierungen, die aus verschiedenen Arbeitszeugnissen stammen.

	Die übertragenen Arbeiten wurden ...	
a)	... stets zur vollsten Zufriedenheit erledigt.	sehr gute Leistungen
b)	... zur Zufriedenheit erledigt.	ausreichende Leistungen
c)	... stets zur vollen Zufriedenheit erledigt.	gute Leistungen
d)	... im Großen und Ganzen zur Zufriedenheit erledigt.	mangelhafte Leistungen
e)	... zur vollen Zufriedenheit erledigt.	befriedigende Leistungen
f)	Er/sie hat sich bemüht, die Arbeiten zu unserer Zufriedenheit zu erledigen.	ungenügende Leistungen

5. Manfred Bayer war rund 4 Jahre als Abteilungsleiter in einem größeren Industriebetrieb tätig. Bei seinem Ausscheiden aus der Firma erhält er folgendes Arbeitszeugnis:

Arbeitszeugnis:

Herr Manfred Bayer, geboren am 25.03.1966 in Halle, ist am 01.07.2007 als Leiter der Abteilung Rechnungswesen in unser Unternehmen eingetreten.

Neben der Betriebsabrechnung und der Kalkulation umfasste sein Aufgabenbereich auch die innerbetriebliche Leistungsabrechnung der einzelnen Abteilungen. Am Anfang seiner Tätigkeit wurde unter seiner Leitung die vollständige Umstellung auf EDV vollzogen.

Aus organisatorischen Gründen wurde dieses Aufgabengebiet ab dem 01.11.2009 einem anderen Verantwortungsbereich unterstellt.

Während seiner Betriebszugehörigkeit hatte Herr Bayer die Gelegenheit, verschiedene Abteilungen unseres Unternehmens kennenzulernen und sich auf vielen Gebieten Kenntnisse anzueignen.

Herr Bayer hat sich stets bemüht, die ihm übertragenen Aufgaben zu unserer Zufriedenheit zu erledigen. Wir haben ihn als einen Menschen kennengelernt, dem Ordnungsliebe und Genauigkeit über alles gingen.

Herr Bayer verlässt uns zum 30.09.2011, um eine andere Aufgabe zu übernehmen.

a) Unterstreichen Sie die Aussagen des Arbeitszeugnisses, die Sie für negativ halten.

b) Bewerten Sie das Zeugnis mit einer Note zwischen 1 und 6. 5 oder 6

c) Begründen Sie die Note, die Sie vergeben haben.

Die EDV wurde einem anderen Verantwortungsbereich unterstellt. Vermutlich hat Herr Bayer die Aufgabe nicht bewältigt. Dass er Gelegenheit hatte, viele Abteilungen kennenzulernen, bedeutet: Er wurde von einer Abteilung in die andere geschoben, weil ihn keiner wollte.
Er hat sich stets bemüht ..., sagt aus, dass er die Anforderungen in keiner Weise erfüllt hat.
Ordnungsliebe und Genauigkeit als einzige Eigenschaft positiv erwähnt, lassen vermuten, dass man ihn für phantasielos und pedantisch hält.
Es fällt auf, dass jede Aussage über eine erfolgreiche Tätigkeit fehlt. Man bedauert das Ausscheiden von Herrn Bayer mit keinem Wort. Auch fehlt die Bemerkung, dass er auf eigenen Wunsch ausscheidet und dass man ihm für die Zukunft alles Gute wünscht.

1. **Ein Arbeitsverhältnis kann auf verschiedene Arten beendet werden. Nennen Sie die wichtigsten Möglichkeiten.**

Ein Arbeitsverhältnis wird beendet durch

Zeitablauf	Aufhebungsvertrag	Kündigung
wenn der Vertrag nur für eine bestimmte Zeit geschlossen wurde.	wenn Arbeitgeber und Arbeitnehmer sich einigen, das Arbeitsverhältnis zu beenden.	eines Vertragspartners. Vorgeschrieben ist die Schriftform.

Die Kündigung

2. **Ergänzen Sie die Übersicht über die außerordentliche (fristlose) Kündigung.**

Liegt ein wichtiger Grund vor, dann können Arbeitgeber und Arbeitnehmer **fristlos** kündigen.

Fristlose Kündigung

Ein **Arbeitnehmer** kann fristlos kündigen: z. B.:	Ein **Arbeitgeber** kann fristlos kündigen: z. B.:
• bei Tätlichkeiten	• bei Diebstahl
• bei Beleidigungen	• bei Arbeitsverweigerung
• bei Verweigerung des Lohns	• bei Vorlage falscher Zeugnisse

Wer eine fristlose Kündigung verursacht, muss unter Umständen Schadenersatz leisten.

3. **Die ordentliche (gesetzliche) Kündigung erfolgt unter Einhaltung der Kündigungsfrist. Nennen Sie diese.**

Gesetzliche Kündigungsfrist für alle Arbeitnehmer: 4 Wochen auf den 15. eines Monats oder auf das Monatsende

4. **Ermitteln Sie den letzten Arbeitstag.**

Arbeitnehmer	Letzter Arbeitstag
Heinz Bock kündigt am 10. März zum nächstmöglichen Termin. Wann ist sein letzter Arbeitstag?	15. April, da keine 4 Wochen bis zum Monatsende
Martha Bauer kündigt am 23. Mai zum nächstmöglichen Termin. Wann ist ihr letzter Arbeitstag?	30. Juni, da keine 4 Wochen bis zum 15. Juni

Allgemeiner Kündigungsschutz

5. **Stellen Sie anhand des nachfolgenden Gesetzestextes fest, unter welchen Voraussetzungen bei einem Arbeitnehmer der allgemeine Kündigungsschutz gilt.**

• mindestens 6 Monate Betriebszugehörigkeit

• mehr als 5 Arbeitnehmer im Betrieb, 10 bei Neueinstellungen

Auszug aus dem Kündigungsschutzgesetz

§ 1 Sozial ungerechtfertigte Kündigung
(1) Die Kündigung des Arbeitsverhältnisses gegenüber einem Arbeitnehmer, dessen Arbeitsverhältnis in demselben Betrieb oder Unternehmen ohne Unterbrechung länger als sechs Monate bestanden hat, ist rechtsunwirksam, wenn sie sozial ungerechtfertigt ist.

§ 23 Geltungsbereich
(1) ... Die Vorschriften ... gelten ... nicht für Betriebe und Verwaltungen, in denen in der Regel fünf oder weniger Arbeitnehmer ... beschäftigt werden.

Anmerkung: Für neu eingestellte Arbeitnehmer erhöht sich die Grenze seit 2004 auf 10 oder weniger Arbeitnehmer

Sofern der **allgemeine Kündigungsschutz** gilt, ist eine Kündigung nur zulässig, wenn ein Kündigungsgrund vorliegt. Erläutern Sie die zulässigen Kündigungsgründe jeweils durch entsprechende Beispiele.

Kündigungsgründe

Verhalten des Arbeitnehmers:

- Arbeitsverweigerung
- häufige Unpünktlichkeit

Voraussetzung

vorherige Abmahnung

Person des Arbeitnehmers:

- mangelnde Leistungen
- Krankheit

z. B. Allergie

Betriebliche Erfordernisse:

- Auftragsmangel
- neue Produktionsverfahren

Voraussetzung

Berücksichtigung sozialer Gesichtspunkte

Besonderer Kündigungsschutz

6. **Arbeitnehmer, die bestimmten Personenkreisen angehören, genießen einen besonderen Kündigungsschutz, d. h., sie sind unter bestimmten Voraussetzungen** ___unkündbar___**. Ergänzen Sie das Schaubild.**

Besonderer Kündigungsschutz

werdende Mütter

Unkündbar während der Schwangerschaft

und bis 4 Monate nach der Entbindung sowie während der Elternzeit

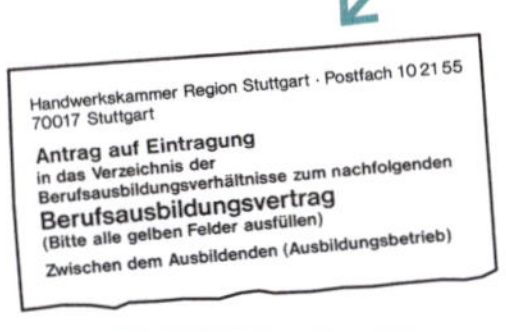
Handwerkskammer Region Stuttgart · Postfach 10 21 55
70017 Stuttgart
Antrag auf Eintragung
in das Verzeichnis der Berufsausbildungsverhältnisse zum nachfolgenden
Berufsausbildungsvertrag
(Bitte alle gelben Felder ausfüllen)
Zwischen dem Ausbildenden (Ausbildungsbetrieb)

Auszubildende

Unkündbar nach der Probezeit

Schwer-behinderte

Ohne Zustimmung des Integrationsamtes ist eine Kündigung unzulässig.

Betriebsräte und Jugendvertreter

Unkündbar während ihrer Amtszeit sowie 1 Jahr danach.

7. **Begründen Sie, ob die Kündigungen gerechtfertigt sind.**

Ein Ausbilder beleidigt seine Auszubildende schwer, diese kündigt fristlos.	ja, wichtiger Grund
Ein Arbeitnehmer teilt wichtige Konstruktionspläne der Konkurrenz mit und wird fristlos gekündigt.	ja, wichtiger Grund
Als sie ihre Schwangerschaft meldet, wird einer Frau fristlos gekündigt.	nein, bes. Kündigungsschutz
Einem verheirateten Arbeiter, der 4 Kinder hat und seit 5 Jahren in einer großen Firma arbeitet, wird wegen Rationalisierungsmaßnahmen fristgerecht gekündigt.	nein, soziale Gesichtspunkte unberücksichtigt

171–174

Datum: ....

Tarifvertragsarten

1. Ergänzen Sie das Schaubild über die wichtigsten Tarifvertragsarten.

Sozialpartner

Arbeitgeberverbände

Sie vereinbaren für die Arbeitgeber

Gewerkschaften

Sie vereinbaren für die Arbeitnehmer

Tarifverträge

Arten

Lohn-(Gehalts-)tarifvertrag

Inhalt:

die Höhe der Entlohnung

Laufzeit: ca. 1 Jahr

Mantel-(Rahmen-)tarifvertrag

Inhalt:

Arbeitsbedingungen wie Pausen, Mehrarbeit, Arbeitszeit, Urlaub, Urlaubsgeld, Kündigung

Laufzeit: ca. 3 – 5 Jahre

Diese Einteilung wurde vorgenommen, damit bei der jährlichen Lohnerhöhung die Inhalte des Manteltarifvertrages, die unverändert bleiben, nicht neu verhandelt und beschlossen werden müssen.

2. Tarifgebunden sind nur diejenigen Arbeitnehmer, die der vertragschließenden Gewerkschaft angehören und nur die Arbeitgeber, die dem vertragsschließenden Arbeitgeberverband angehören oder selbst Tarifvertragspartei sind (z. B. VW und andere Großunternehmen). Beim Abschluss eines Arbeitsvertrages müssen die Tarifbestimmungen demnach nur dann zugrundegelegt werden, wenn beide Vertragspartner, nämlich Arbeitgeber und Arbeitnehmer, an den Tarifvertrag gebunden sind.
Kreuzen Sie an, ob der Tarifvertrag beim Abschluss eines Einzelarbeitsvertrages zugrundegelegt werden muss.

a)	Der Arbeitgeber hat einen Haustarifvertrag abgeschlossen, der Arbeitnehmer ist Mitglied einer Gewerkschaft.	☒ **Ja,** der Tarifvertrag ist verbindlich. ☐ **Nein,** er ist nicht verbindlich.
b)	Der Arbeitgeber ist Mitglied des Arbeitgeberverbandes, der Arbeitnehmer gehört keiner Gewerkschaft an.	☐ **Ja,** der Tarifvertrag ist verbindlich. ☒ **Nein,** er ist nicht verbindlich.

c)	Der Arbeitnehmer ist Mitglied in der Gewerkschaft, der Arbeitgeber ist Mitglied des Arbeitgeberverbandes.	☒ **Ja,** der Tarifvertrag ist verbindlich. ☐ **Nein,** er ist nicht verbindlich.
d)	Weder Arbeitgeber noch Arbeitnehmer sind „organisiert".	☐ **Ja,** der Tarifvertrag ist verbindlich. ☒ **Nein,** er ist nicht verbindlich.
e)	Der Arbeitnehmer ist in der Gewerkschaft, der Arbeitgeber jedoch ist kein Mitglied im Arbeitgeberverband.	☐ **Ja,** der Tarifvertrag ist verbindlich. ☒ **Nein,** er ist nicht verbindlich.

3. Die nachfolgende Übersicht enthält **wichtige Begriffe aus dem Tarifvertragsrecht.**

Ergänzen Sie die fehlenden Textstellen.

a)	Die Tarifvertragspartner sind unabhängig vom Staat und haben das Recht, selbstständig Tarifverträge auszuhandeln und abzuschließen. Der Staat besitzt kein Eingriffsrecht.	←	Tarifautonomie
b)	Auf Antrag der Tarifparteien kann ein Tarifvertrag für allgemeinverbindlich erklärt werden. Er bindet dann auch diejenigen Arbeitgeber und Arbeitnehmer, die nicht organisiert sind.	←	**Allgemeinverbindlichkeit**
c)	Die Regelungen des Tarifvertrags sind Mindestleistungen, die im Einzelarbeitsvertrag nicht unterschritten werden dürfen (auch wenn der Arbeitnehmer sich z. B. schriftlich mit geringerem Lohn oder weniger Urlaub einverstanden erklärt). Verbesserungen für den Arbeitnehmer sind zulässig.	←	Unabdingbarkeit des Tarifvertrags
d)	Während der Laufzeit eines Tarifvertrags dürfen keine Arbeitskampfmaßnahmen (Streik, Aussperrung) stattfinden.	←	**Friedenspflicht**
e)	Arbeitgeberverbände + Gewerkschaften	←	**Sozialpartner**

Tarifverhandlungen

1. Das nachfolgende Schaubild zeigt den Ablauf von Tarifverhandlungen. Ergänzen Sie die fehlenden Stellen.

Tarifverhandlungen

zwischen

Gewerkschaft

und

Arbeitgeberverband

→ Einigung → **Neuer Tarifvertrag**

↓

Die Verhandlungen werden für

gescheitert

erklärt.

↓

unabhängiger

Schlichter

Schlichtungsverfahren

→ Einigung → **Neuer Tarifvertrag**

↓

Scheitern der

Schlichtung

↓

Urabstimmung

Wenn mindestens 75 % zustimmen

→

Streik

→ mögliche Gegenmaßnahme der Arbeitgeber:

Aussperrung

↑

neue

Verhandlungen

↑

Urabstimmung

über das Ergebnis.
Streikende, wenn mindestens 25 % zustimmen

→ Zustimmung → **Neuer Tarifvertrag**

174–176

Datum: ....

2. **Tarifverhandlungen sind gekennzeichnet durch starke Interessengegensätze zwischen Arbeitgeberverbänden und Gewerkschaften. Tragen Sie drei solcher Gegensätze ein.**

Gewerkschaften sind interessiert an	**Arbeitgeberverbände** sind interessiert an
• möglichst hohen Löhnen	• möglichst niedrigen Löhnen
• möglichst viel Urlaub	• möglichst wenig Urlaub
• möglichst kurzer Arbeitszeit	• möglichst langer Arbeitszeit

Merke: Tarifverhandlungen sind Kompromisse

Arbeitskampf

3.

Generalstreik legt Italien lahm

Schwerpunktstreik zeigt Wirkung: Produktionsstörungen bei VW

Beschäftigte im öffentlichen Dienst drohen mit Bummelstreik

Warnstreiks in der westdeutschen Metallindustrie

Wilder Streik bei Reifenfirma – fünf entlassen

Die Gewerkschaften unterstützen sich: seit heute Sympathiestreiks

Man unterscheidet verschiedene Streikarten. Ergänzen Sie in diesem Zusammenhang die Übersicht.

a)	Es werden nur die wichtigsten Betriebe eines Wirtschaftszweigs bestreikt.	← **Schwerpunktstreik**
b)	Alle Betriebe eines Wirtschaftszweigs werden bestreikt.	← **Totaler Streik** (Flächenstreik)
c)	Die ganze Wirtschaft wird bestreikt.	← Generalstreik
d)	Die Arbeit wird für kurze Zeit unterbrochen, um die Streikbereitschaft zu zeigen.	← Warnstreik

e)	Streik ohne Urabstimmung und ohne Genehmigung der Gewerkschaft.	←	**Wilder Streik**

4. Beurteilen Sie folgende Fälle:

a) Alle Betriebe der Metallindustrie werden bestreikt. Dies ist

- [ ] **ein Generalstreik**
- [ ] **ein Schwerpunktstreik**
- [x] **ein Totaler Streik (Flächenstreik).**

b) Ihr Chef kündigt neue Arbeitszeiten an. Sie und Ihre sämtlichen Kollegen sind über diese Zeiten empört. Als der Chef nicht bereit ist, diese wieder zu ändern, beschließen alle Arbeitnehmer zu streiken. Welche Streikart liegt vor? Mit welchen Folgen müssten die Beteiligten rechnen? Begründen Sie Ihre Antwort.

Wilder Streik, da Urabstimmung und Genehmigung der Gewerkschaft fehlen.
Folgen: eventuell fristlose Entlassung der Beteiligten.

c) Angenommen, Sie sind Gewerkschaftssekretär bei der Gewerkschaft NGG (Nahrung, Genuss, Gaststätten). Im Rahmen der Tarifverhandlungen für die Beschäftigten des Fleischerhandwerks sollen Sie entscheiden, welche Betriebe in Ihrer Stadt bestreikt werden müssen. Folgende Möglichkeiten stehen zur Wahl:

- **4 große Supermärkte, viele Gewerkschaftsmitglieder**
- **250 Fleischereien, kaum Mitglieder**
- **der örtliche Schlachthof, viele Mitglieder.**

Welche Betriebe würden Sie bestreiken – alle, oder einen Teil? Begründen Sie Ihre Antwort.

Den Schlachthof, da alle anderen Betriebe auf dessen Zulieferung angewiesen sind.
Empfehlung: Schwerpunktstreik.

d) Wie wirkt sich die Aussperrung auf die betroffenen Arbeitnehmer aus?

Sie erhalten keinen Zutritt zum Betrieb und dürfen nicht arbeiten. Da sie nicht arbeiten, erhalten sie keinen Lohn. Gewerkschaftsmitglieder beziehen Streikgeld.

Betriebsverordnungen für Hamburger Amtsstuben und Comptoirs 1863 – 1872
Zur Beachtung des Personals

Gottesfurcht, Sauberkeit und Pünktlichkeit sind die Voraussetzungen für ein ordentliches Geschäft.

Das Personal braucht jetzt nur noch an Wochentagen zwischen 6 Uhr vormittags und 6 Uhr nachmittags anwesend zu sein. Der Sonntag dient dem Kirchgang. Jeden Morgen wird im Hauptbüro das Gebet gesprochen.

Es wird von jedermann Ableistung von Überstunden erwartet, wenn das Geschäft sie begründet erscheinen lässt.

Der dienstälteste Angestellte ist für die Sauberkeit des Büros verantwortlich. Alle Jungen und Junioren melden sich bei ihm 40 Minuten vor dem Gebet und bleiben auch nach Arbeitsschluss zur Verfügung.

Einfache Kleidung ist Vorschrift. Das Personal darf sich nicht in hellschimmernden Farben bewegen und nur ordentliche Strümpfe tragen. Überschuhe und Mäntel dürfen im Büro nicht getragen werden, da dem Personal ein Ofen zur Verfügung steht. Ausgenommen sind bei schlechtem Wetter Halstücher und Hüte. Außerdem wird empfohlen, in Winterszeiten täglich 4 Pfund Kohle pro Personalmitglied mitzubringen.

Während der Bürostunde darf nicht gesprochen werden. Ein Angestellter, der Zigarren raucht, Alkohol in irgendwelcher Form zu sich nimmt, Billardsäle und politische Lokale aufsucht, gibt Anlass, seine Ehre, Gesinnung, Rechtschaffenheit und Redlichkeit anzuzweifeln.

Die Einnahme von Nahrung ist zwischen 11.30 und 12.00 Uhr erlaubt. Jedoch darf die Arbeit dabei nicht eingestellt werden.

Der Kundschaft und Mitgliedern der Geschäftsleitung nebst Angehörigen ist mit Ehrerbietung und Bescheidenheit zu begegnen.

Jedes Personalmitglied hat die Pflicht, für die Erhaltung seiner Gesundheit Sorge zu tragen, im Krankheitsfalle wird die Lohnzahlung eingestellt. Es wird daher dringend empfohlen, dass jedermann von seinem Lohn eine hübsche Summe für einen solchen Fall wie auch für die alten Tage beiseite legt, damit er bei Arbeitsunvermögen und bei abnehmender Schaffenskraft nicht der Allgemeinheit zur Last fällt.

Zum Abschluss sei die Großzügigkeit dieser neuen Büroordnung betont. Zum Ausgleich wird eine wesentliche Steigerung der Arbeit erwartet.

1. **Ein Arbeitgeber, der in der heutigen Zeit eine solche Betriebsordnung einführen wollte, hätte damit sicherlich Probleme. Denn sie würde gegen zahlreiche Arbeitsschutzgesetze verstoßen. Außerdem werden Betriebsvereinbarungen heute nicht allein vom Arbeitgeber beschlossen, sie werden zwischen zwei Beteiligten vereinbart. Ergänzen Sie dementsprechend das Schaubild; soweit erforderlich mit Hilfe des untenstehenden Gesetzestextes.**

Arbeitgeber → **Betriebsvereinbarung** ← Betriebsrat (als Vertreter der Arbeitnehmer)

↓

Merkmale

- Betriebsvereinbarungen müssen schriftlich abgefasst und im Betrieb ausgehängt werden.
- Betriebsvereinbarungen dürfen die geltenden gesetzlichen und tarifvertraglichen Bestimmungen nur verbessern nicht jedoch verschlechtern.
- Betriebsvereinbarungen regeln z. B. Beginn und Ende der täglichen Arbeitszeit, Unfallverhütungsvorschriften, Urlaubspläne, betriebliche Sozialeinrichtungen.

Betriebsverfassungsgesetz (BetrVfG) § 77
Betriebsvereinbarungen (2) Betriebsvereinbarungen sind von Betriebsrat und Arbeitgeber gemeinsam zu beschließen und schriftlich niederzulegen [...]
(4) Betriebsvereinbarungen gelten unmittelbar und zwingend. Werden Arbeitnehmern durch Betriebsvereinbarungen Rechte eingeräumt, so ist ein Verzicht auf sie nur mit Zustimmung des Betriebsrates zulässig [...]

2. **Wegen schlechter Auftragslage streicht ein Arbeitgeber einseitig seinen Beschäftigten das in der Betriebsvereinbarung zusätzlich gewährte Urlaubsgeld. Ist dies zulässig?**

Die Entscheidung ist unzulässig.
Nach § 77 BetrVfG muss der Betriebsrat zustimmen.

Betriebsrat

Auszug aus dem Betriebsverfassungsgesetz (BetrVfG)

§ 1 Errichtung von Betriebsräten In Betrieben mit in der Regel mindestens 5 ständigen Wahlberechtigten Arbeitnehmern, von denen 3 wählbar sind, werden Betriebsräte gewählt.

§ 7 Wahlberechtigung Wahlberechtigt sind alle Arbeitnehmer, die das 18. Lebensjahr vollendet haben.

§ 8 Wählbarkeit (1) Wählbar sind alle Wahlberechtigten, die 6 Monate dem Betrieb angehören [...]

§ 9 Zahl der Betriebsratsmitglieder Der Betriebsrat besteht in Betrieben mit in der Regel 5 bis 20 wahlberechtigten Arbeitnehmern aus einer Person (Betriebsobmann),
21 bis 50 wahlberechtigten Arbeitnehmern aus 3 Mitgliedern,
51 bis 150 wahlberechtigten Arbeitnehmern aus 5 Mitgliedern, [...]

§ 21 Amtszeit Die regelmäßige Amtszeit des Betriebsrates beträgt 4 Jahre.

1. Beantworten Sie folgende Fragen mit Hilfe des Gesetzestextes:

a) Welche Voraussetzungen müssen erfüllt sein, damit in einem Betrieb ein Betriebsrat gewählt werden kann?

In dem Betrieb müssen mindestens 5 Arbeitnehmer beschäftigt sein, die mindestens 18 Jahre alt sind.

b) Wer kann zum Betriebsrat gewählt werden?

Jeder Arbeitnehmer, der mindestens 6 Monate dem Betrieb angehört und mindestens 18 Jahre alt ist.

c) Die Großbäckerei Zwerger hat 75 Arbeitnehmer. Wie viele Betriebsratsmitglieder hat der Betrieb?

Der Betriebsrat besteht aus 5 Mitgliedern.

d) Antonio Rigatoni hat die italienische Staatsangehörigkeit. Ist er wahlberechtigt bei den Betriebsratswahlen?

Wahlberechtigt sind alle Arbeitnehmer, auch ausländische.

2. Im sozialen, im personellen und im wirtschaftlichen Bereich hat der Betriebsrat ein unterschiedliches Mitbestimmungsrecht. Ergänzen Sie die Übersicht durch passende Beispiele.

Mitbestimmung des Betriebsrats

sozialer Bereich	personeller Bereich	wirtschaftlicher Bereich
Der Betriebsrat hat ein echtes **Mitbestimmungsrecht**, d. h. ohne seine Zustimmung können die Maßnahmen nicht beschlossen werden.	Der Betriebsrat kann seine **Zustimmung** verweigern, wenn er schwerwiegende Gründe hat. Die letzte Entscheidung trifft dann das Arbeitsgericht.	Der Betriebsrat muss über anstehende Maßnahmen informiert werden. Er hat ein **Beratungsrecht.** Verweigert er die Zustimmung zu den geplanten Maßnahmen, bleibt dies ohne Wirkung.
Beispiele:	Beispiele:	Beispiele:
• Arbeitszeit (Beginn, Ende)	• Einstellung	• Absatz
• Betriebsordnung	• Versetzung	• Produkte
• Unfallverhütung	• Kündigung	• Investitionen
• Sozialeinrichtungen	• Umgruppierung	• Produktionsverfahren

3. **In der Großbäckerei Zwerger soll ein Mitarbeiter entlassen werden. Ohne den Betriebsrat zu informieren, kündigt die Geschäftsleitung dem betroffenen Arbeitnehmer fristgerecht. Überprüfen Sie anhand des Gesetzestextes: Ist die Kündigung wirksam? Welche Mitwirkungsrechte hat der Betriebsrat bei einer Kündigung?**

Auszug aus dem Betriebsverfassungsgesetz (BetrVfG)

§ 102 Mitbestimmung bei Kündigungen. (1) Der Betriebsrat ist vor jeder Kündigung zu hören. Der Arbeitgeber hat ihm die Gründe für die Kündigung mitzuteilen. Eine ohne Anhörung des Betriebsrats ausgesprochene Kündigung ist unwirksam.

(3) Der Betriebsrat kann [...] der ordentlichen Kündigung widersprechen, wenn

1. der Arbeitgeber bei der Auswahl des zu kündigenden Arbeitnehmers soziale Gesichtspunkte nicht oder nicht ausreichend berücksichtigt hat, [...]
3. der zu kündigende Arbeitnehmer an einem anderen Arbeitsplatz im selben Betrieb oder in einem anderen Betrieb des Unternehmens weiterbeschäftigt werden kann.
5. eine Weiterbeschäftigung unter geänderten Vertragsbedingungen möglich ist und der Arbeitnehmer sein Einverständnis hiermit erklärt hat.

• Der Betriebsrat muss vor jeder Kündigung angehört werden, andernfalls ist sie unwirksam.
• Der Betriebsrat kann einer Kündigung widersprechen, wenn
– soziale Gesichtspunkte unberücksichtigt blieben,
– der Arbeitnehmer an einem anderen Arbeitsplatz weiterbeschäftigt werden kann,
– der Arbeitnehmer unter geänderten Vertragsbedingungen weiterbeschäftigt werden kann.

Betriebsversammlung

4. **Wen lädt der Betriebsrat zur Betriebsversammlung ein?**

Alle Arbeitnehmer des Betriebes und den Arbeitgeber.

5. **Wie oft finden Betriebsversammlungen statt?**

Einmal in jedem Kalendervierteljahr.

Jugend- und Auszubildendenvertretung (JAV)

6. **Ergänzen Sie die folgenden Aussagen zur Jugend- und Auszubildendenvertretung.**

• Eine Jugend- und Auszubildendenvertretung kann gewählt werden, wenn mindestens 5 Jugendliche oder Auszubildende beschäftigt werden.

• Wählbar sind alle Arbeitnehmer des Betriebes, die noch keine 25 Jahre alt sind.

• Die Amtszeit der JAV beträgt 2 Jahre.

• Die JAV verhandelt nicht direkt mit dem Arbeitgeber. Sie muss ihre Interessen über den Betriebsrat durchsetzen.

• Die Hauptaufgabe der JAV ist es die besonderen Belange der Jugendlichen zu vertreten.

Vervollständigen Sie die Übersicht über die Mitbestimmung in Kapitalgesellschaften

<table>
<tr>
<td>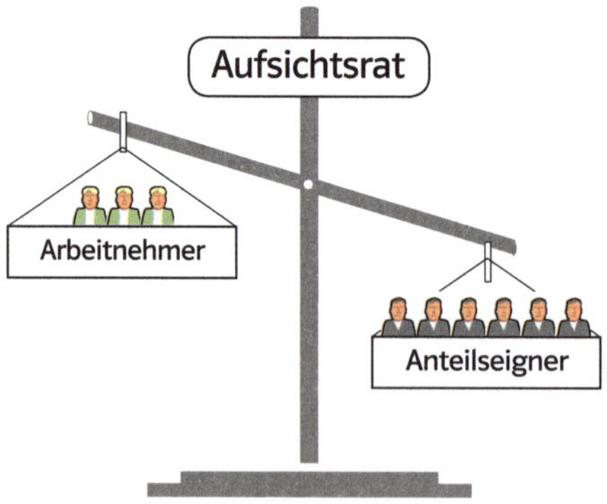</td>
<td>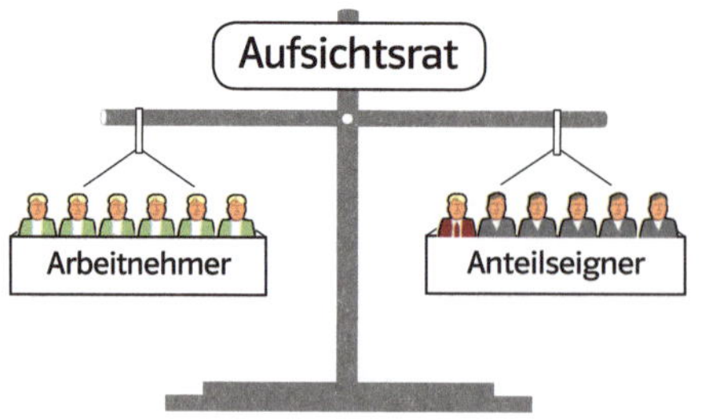
= Vorsitzender, er hat bei Stimmengleichheit 2 Stimmen</td>
<td>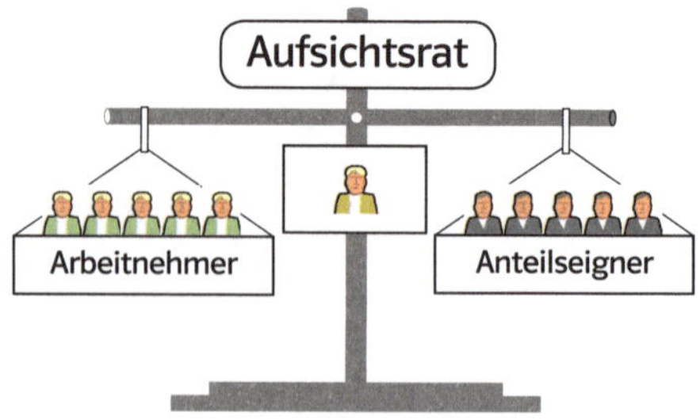
= Neutrales Mitglied vom Aufsichtsrat gewählt</td>
</tr>
<tr>
<td>Betriebsverfassungsgesetz von 1952 (seit 2004 Drittelbeteiligungsgesetz)</td>
<td>Mitbestimmungsgesetz von 1976</td>
<td>Montanmitbestimmungsgesetz von 1951</td>
</tr>
<tr>
<td></td>
<td></td>
<td></td>
</tr>
<tr>
<td>Gültig für:
Kapitalgesellschaften (AG, GmbH) bis 2 000 Arbeitnehmer.</td>
<td>Gültig für:
Große Kapitalgesellschaften mit mehr als 2 000 Arbeitnehmern.</td>
<td>Gültig für:
Bergbau, eisen- und stahlerzeugende Jndustrie.</td>
</tr>
<tr>
<td>Sitzverteilung im Aufsichtsrat:
2/3 der Aufsichtsratsmitglieder wählen die Anteilseigner, 1/3 die Arbeitnehmer.</td>
<td>Sitzverteilung im Aufsichtsrat:
Anteilseigner und Arbeitnehmer wählen jeweils die Hälfte der Aufsichtsratsmitglieder</td>
<td>Sitzverteilung im Aufsichtsrat:
Anteilseigner und Arbeitnehmer wählen jeweils die Hälfte. 1 neutrales Mitglied wird von beiden Seiten gewählt.</td>
</tr>
<tr>
<td>Liegt eine paritätische Mitbestimmung vor?
Nein, die Anteilseigner haben die Stimmenmehrheit.</td>
<td>Liegt eine paritätische Mitbestimmung vor?
Nein, der Aufsichtsratsvorsitzende ist Anteilseigner. Er hat doppeltes Stimmrecht bei Pattsituationen.</td>
<td>Liegt eine paritätische Mitbestimmung vor?
Ja, durch die Wahl des neutralen 11. Mitglieds besteht Chancengleichheit.</td>
</tr>
</table>

188–189

Datum: ....

1. Ergänzen Sie das Schaubild über den Aufbau der **Arbeitsgerichte**.

Revisions instanz — Bundesarbeitsgericht

↑

Berufungs instanz — Landesarbeitsgericht

↑

Berufsrichter

ehrenamtliche Richter

1. Instanz — Arbeitsgericht

2. Ergänzen Sie fehlenden Textstellen über die Zuständigkeit der Arbeitsgerichte.

Arbeitsgerichte sind zuständig für Streitigkeiten

zwischen Arbeitgeber und Arbeitnehmer aus dem Arbeitsvertrag.	zwischen den Tarif-parteien aus dem Tarifvertrag.	zwischen dem Aus-bildenden und dem Auszubildenden aus dem Ausbildungs-vertrag.	zwischen dem Arbeit-geber und dem Betriebsrat aus dem Betriebs-verfassungsrecht.

3. Weshalb sind die Arbeitsgerichte mit ehrenamtlichen Richtern besetzt?

Die ehrenamtlichen Richter kennen die Berufspraxis, die Berufsrichter kennen die Gesetze.

4. Nach einer Klageeinreichung wird zunächst eine **Güteverhandlung** angesetzt. Erläutern Sie, weshalb.

Jn der Güteverhandlung wird versucht, durch einen Vergleich zu schlichten und unnötige Arbeit sowie Gerichtskosten zu sparen.

Nr.: 27

Name: Hugo Holzmann

Monat: Mai Jahr: 2012

Zur Beachtung! Wer für einen anderen mitstempelt, falsch stempelt oder auf der Karte radiert, macht sich strafber. Versehentlich falsch oder ausgeführte Stempelung ist sofort der Lohnbuchhaltung zu melden.

Datum	Vormittag		Nachmittag		Unterbrechungen und Überstunden		Gesamtstunden
	Kommt	Geht	Kommt	Geht	Geht	Kommt	
1							
2							
3							
4	6 50	12 01	12 41	16 02			8
5	6 53	12 01	12 41	16 02			8
6	6 47	12 00	12 41	16 03			8
7	6 51	12 01	12 39	16 02			8
8	6 50	12 01	12 38	16 05			8

Der Zeitlohn

1. Wie wird der Zeitlohn bezahlt?

- als Stunden-, Tages-, Wochen- oder Monatslohn bei Arbeitern
- als Monatslohn (Gehalt) bei Angestellten

2. Hugo Holzmann bezieht einen Stundenlohn von 10,80 €. Ermitteln Sie anhand der abgebildeten Stempelkarte seinen Bruttolohn für die erste Maiwoche.

Bruttolohn = Geleistete Arbeitsstunden x Stundenlohn

432,– € = 40 Std. x 10,80 €/Std.

3. Begründen Sie, weshalb in den folgenden Beispielen eine Bezahlung nach Zeitlohn sinnvoller erscheint als eine Vergütung nach Akkordlohn.

Tätigkeiten am Fließband	Wartungstechniker bei einer Fluggesellschaft	Fleischereiverkäuferin	Büroangestellte
↓	↓	↓	↓
Der Arbeitnehmer kann das Tempo nicht beeinflussen.	Genauigkeit und Qualität sind wichtiger als Menge.	Unterschiedliche Arbeiten und Arbeitsmengen fallen an.	Die Leistung ist schwer zu messen.

4. Tragen Sie die jeweiligen Vorteile und Nachteile in die Übersicht ein.

	Vorteile des Zeitlohns	Nachteile des Zeitlohns
Für den Arbeitnehmer	• weniger Stress und körperliche Überforderung • Weniger Arbeitsunfälle, da nicht so hastig gearbeitet werden muss.	• Mehrleistung und Leistungsunterschiede werden nicht berücksichtigt. • kein Leistungsanreiz • Leistungsfreudige Arbeitnehmer sind unzufrieden.
Für den Arbeitgeber	• Die Qualität der Arbeit ist besser (weniger Druck, Ausschuss usw.). • Maschinen werden schonender behandelt.	• Die Leistung der Arbeitnehmer muss überwacht werden. • Bei Kalkulationen sind die Lohnkosten schwer zu ermitteln.

193–195

Datum: ....

Der Akkordlohn

5. **Tragen Sie die jeweiligen Vorteile und Nachteile in die Übersicht ein.**

	Vorteile des Akkordlohns	Nachteile des Akkordlohns
Für den Arbeitnehmer	• Mehrleistung hat höheren Verdienst zur Folge. • Entlohnung ist leistungsgerechter. • Tariflicher Zeitlohn wird als Mindestlohn garantiert.	• Die überdurchschnittliche Leistung kann zu Gesundheitsschäden führen. • Durch hastiges Arbeiten steigt die Zahl der Arbeitsunfälle.
Für den Arbeitgeber	• Einfachere Kalkulation, da der Lohn je Stück fest ist. • höhere Arbeitsleistung • Arbeitskontrollen sind überflüssig.	• Die Qualität kann nachlassen. • Qualitätskontrollen sind erforderlich. • Betriebsmittel werden weniger sorgfältig behandelt.

Arbeitsbeleg

Name G. Patschke Monat Juni 20..

Tagesarbeitsmengen

Tag	1. Woche	2. Woche	3. Woche	4. Woche	Quersumme
Mo	109				
Di	110				
Mi	112				
Do	108				
Fr	106				
Sa	/				
Stückzahl	545				

6. **a) Stückgeldakkord**
Ermitteln Sie anhand des abgebildeten Arbeitsbelegs den Bruttolohn für die erste Juniwoche. Gehen Sie bei Ihrer Berechnung von einem Stückgeldakkordsatz von 1,15 € aus.

Bruttolohn = Stückzahl x Stückgeldakkordsatz

626,75 € = 545 St. x 1,15 €/St.

b) Stückzeitakkord
Ermitteln Sie anhand der bereits bekannten Zahlen den Bruttolohn nach dem Stückzeitakkord. Legen Sie Ihrer Berechnung folgende zusätzliche Angaben zugrunde: Vorgabezeit (Stückzeit) 5 Minuten, Grundlohn 13,80 €.

Minutenfaktor = $\frac{\text{Grundlohn}}{\text{60 Minuten}}$

0,23 €/Min = $\frac{13{,}80\ €}{60\ \text{Min.}}$

Bruttolohn = Stückzahl x Stückzeit x Minutenfaktor

626,75 € = 545 St. x 5 Min. x 0,23 €/Min.

Der Prämienlohn

7. Durch den Prämienlohn wird versucht, die Nachteile des Zeitlohns und des Akkordlohns zu mindern sowie deren Vorteile zu verbinden. Dies soll erreicht werden, indem man für besondere Leistungen spezielle Prämien bezahlt. Nennen Sie mindestens vier solcher Prämien.

- Qualitätsprämien
- Termineinhaltungsprämien
- Materialersparnisprämien
- Umsatzprämien
- Vermittlungsprämien

Der Beteiligungslohn

8. Setzen Sie die folgenden Begriffe an der richtigen Stelle ein: *unterschiedliche, Belegschaftsaktien, Interesse, Gewinn, öffentliche Unternehmungen, zusätzlich, Beteiligungslohn, Kapital*

Beim Beteiligungslohn werden die Arbeitnehmer am ___Gewinn___ oder ___Kapital___ des Unternehmens beteiligt. Diese Beteiligung erfolgt ___zusätzlich___ zum normalen Lohn. Die wohl bekannteste Form des Beteiligungslohnes sind die sogenannten ___Belegschaftsaktien___ der größeren Unternehmungen. Der Beteiligungslohn soll das ___Interesse___ der Arbeitnehmer am Unternehmen erhöhen, denn eine Leistungssteigerung der Arbeitnehmer vergrößert den Unternehmenserfolg und somit den ___Beteiligungslohn___. Eine allgemeine Einführung des Beteiligungslohnes ist allerdings sehr problematisch, da die einzelnen Unternehmungen ___unterschiedliche___ Gewinne erwirtschaften. Manche Unternehmen, z. B. ___öffentliche Unternehmungen___, erwirtschaften gar keine Gewinne.

9. Ergänzen Sie die Zusammenfassung über die Lohnformen

Lohnformen

- **Zeitlohn**: Mit einem festen Lohn wird die Arbeitszeit bezahlt.
- **Leistungslohn**: Entlohnt wird die Arbeitsleistung.
  - **Prämienlohn**: Besondere Leistungen, wie Termineinhaltung, werden extra vergütet.
  - **Akkordlohn**: Die Lohnhöhe hängt von der produzierten Menge ab.
- **Beteiligungslohn**: Die Arbeitnehmer sind zusätzlich am Unternehmenserfolg beteiligt.

 198–201 Datum: ....

1. **Mit Hilfe der summarischen oder der analytischen Arbeitsbewertung soll versucht werden, einen möglichst gerechten Leistungslohn zu ermitteln. Tragen Sie bei den folgenden Überschriften ein, welche Form der Arbeitsbewertung vorliegt und bearbeiten Sie die jeweils dazugehörende Aufgabe.**

Die analytische **Arbeitsbewertung**

2. **In der Firma Schleckermann, einer größeren Süßwarenfabrik, sind zwei Arbeitsplätze zu besetzen. Bewerten Sie die Anforderungen an die beiden Arbeitsplätze und ermitteln Sie, welcher Lohngruppe jeder Arbeitsplatz zuzuordnen ist.**

Arbeitsplatz 1: Pförtner

Zu seinen Aufgaben gehört der Empfang von Besuchern und Lieferanten. Des Weiteren betätigt er die ferngesteuerte Schranke für ankommende oder abfahrende Fahrzeuge. Außerdem wird von ihm die eingehende Post vorsortiert und weitergeleitet. Jeden Nachmittag hat der Portier die ausgehende Post, die ihm von den einzelnen Abteilungen ins Büro gebracht wird, zu kuvertieren und richtig zu frankieren. Die Portiersloge befindet sich direkt an der Hauptstraße und kann wegen des starken Lärms kaum zum Lüften geöffnet werden.

Arbeitsplatz 2: Ausbildungsleiter

Der gesuchte Mitarbeiter soll die Einstellung von Auszubildenden selbstständig, jedoch nach den Vorgaben der Geschäftsleitung, vornehmen. Außerdem ist er verantwortlich für die theoretische und praktische Ausbildung im Betrieb. Darüber hinaus soll er die betriebliche Fortbildung aller Beschäftigten übernehmen, leiten und durchführen. Neben fundierten Fachkenntnissen und einer pädagogischen Ausbildung werden umfangreiche Kenntnisse des Personalwesens erwartet, insbesondere aus dem Bereich des Arbeits-, Steuer und Sozialrechts. Sein großes, modern eingerichtetes Büro liegt im ruhigen Teil des Gebäudes.

Anforderungsarten	mögliche Höchstwerte	Spezielle Werte	
		Arbeitsplatz 1	Arbeitsplatz 2
1. Fachkenntnisse, Berufsausbildung, Berufserfahrung	23	5	21
2. Aufmerksamkeit, Konzentration, Nervenbelastung	4	3	3
3. Muskelarbeit, Arbeitsschwere	2	0	0
4. Geschicklichkeit	1	1	1
5. Nachdenken	6	2	6
6. Verantwortung für die eigene Arbeit	5	3	4
7. Verantwortung für die Arbeit anderer	5	0	4
8. Verantwortung für Arbeitsmittel	2	1	1
9. Umgangs- und Ausdrucksgewandtheit	4	4	4
10. Umgebungseinflüsse (z. B. Schmutz, Nässe, Lärm)	3	2	0
Gesamtpunktzahl	55	21	44

Arbeitswerte	Lohngruppe	Arbeitswerte	Lohngruppe	Arbeitswerte	Lohngruppe
0 – 10	1	23 – 28	4	41 – 45	7
11 – 15	2	29 – 34	5	46 – 50	8
16 – 22	3	35 – 40	6	51 – 55	9

Pförtner Lohngruppe 3

Ausbildungsleiter Lohngruppe 7

Die summarische **Arbeitsbewertung**

3. Das Feinkostgeschäft Fein & Schmackes sucht zwei neue Mitarbeiter. Verwenden Sie den Auszug aus dem Manteltarifvertrag und ermitteln Sie die passende Lohngruppe für jeden Arbeitsplatz.

Arbeitsplatz 1: Leiterin des Partyservices
Die gesuchte Mitarbeiterin soll den umfangreichen Partyservice übernehmen. Dazu gehört neben der Kundenberatung auch die Zusammenstellung und Kalkulation von Angeboten sowie die Ausführung und Endabrechnung der jeweiligen Aufträge. Neben einer fundierten Fachausbildung und Berufserfahrung werden auch Führungsqualitäten erwartet.

Arbeitsplatz 2: Küchenhilfe
Für einfache Spül- und Reinigungstätigkeiten wird eine Küchenhilfe gesucht. Da die gesuchte Arbeitnehmerin nur einfachste Hilfsarbeiten ausführen muss, sind für die Tätigkeit keinerlei Kenntnisse erforderlich.

Lohngruppe 1	Einfachste Arbeiten, die keine Arbeitskenntnisse und keinerlei Ausbildung voraussetzen, sondern lediglich eine einmalige Anweisung.
Lohngruppe 2	Einfachste Arbeiten, die ohne jegliche Ausbildung nach kurzer Unterweisung und Übung ausgeführt werden können.
Lohngruppe 3	Einfachste Arbeiten, die ohne jegliche Ausbildung nach kurzer Einarbeitungszeit ausgeführt werden können.
Lohngruppe 4	Einfachste Arbeiten, die gewisse Kenntnisse erfordern und die nach einer kurzen Einarbeitungszeit ausgeführt werden können.
Lohngruppe 5	Arbeiten, die eine Anlernzeit bis zu 2 Monaten erfordern.
Lohngruppe 6	Arbeiten, die eine Anlernzeit von mehr als 2 Monaten erfordern.
Lohngruppe 7	Arbeiten, die eine Berufsausbildung oder eine Anlernausbildung mit zusätzlicher Berufserfahrung erfordern.
Lohngruppe 8	Arbeiten der Lohngruppe 7, die überdurchschnittliche Berufserfahrung bzw. besondere Fähigkeiten erfordern.
Lohngruppe 9	Besonders schwierige Arbeiten, die hervorragende Fachkenntnisse und Fähigkeiten sowie eine entsprechende Berufserfahrung voraussetzen.

Leiterin des Partyservices Lohngruppe 8

Küchenhilfe Lohngruppe 1

4. Erläutern Sie kurz, was man unter analytischer und was man unter summarischer Arbeitsbewertung versteht.

Arbeitsbewertung

Analytische Arbeitsbewertung

Die Arbeit wird analysiert nach:
- Fachkenntnissen
- körperlicher Belastung
- Umwelteinflüssen usw.

Die einzelnen Anforderungen erhalten eine Wertzahl. Die Summe der Wertzahlen ergibt den Arbeitsplatzwert. Arbeitsplätze mit den höchsten Wertzahlen werden den höchsten Lohngruppen zugeordnet.

Summarische Arbeitsbewertung

Die Arbeit wird nicht nach einzelnen Anforderungen analysiert, sondern pauschal als Ganzes bewertet; in der Regel nach Lohngruppen.

202–205

Datum: ....

1. Ergänzen Sie die Übersicht.

Grundlohn	←	z. B. Zeitlohn, Akkordlohn
+ Zulagen (in €)	←	z. B. Kassenzulage, Schmutzzulage
+ Zuschläge (in %)	←	z. B. Überstunden
+ sonstige finanzielle Leistungen	←	z. B. vermögenswirksame Leistungen
= Bruttolohn		
- Lohnsteuer	←	gesetzliche **Abzüge**
- Kirchensteuer	←	
- Solidaritätszuschlag	←	
- Krankenversicherung	←	
- Pflegeversicherung	←	
- Arbeitslosenversicherung	←	
- Rentenversicherung	←	
= Nettolohn		

2. Die alleinstehende 25jährige Aushilfskraft Lisa Müller hat einen Stundenlohn von 8,50 €. Im letzten Monat arbeitete sie 168 Stunden. Zusätzlich leistete sie 8 Überstunden, die mit 25 % Zuschlag vergütet werden. Außerdem erhielt sie eine Kassenzulage von 35,00 €.

a) Wie hoch ist ihr Bruttolohn?

b) Berechnen Sie den Nettolohn, indem Sie folgende Abzüge berücksichtigen: Lohnsteuer 113,33 €, Solidaritätszuschlag (5,5 % der Lohnsteuer), Kirchensteuer (8 % der Lohnsteuer), Krankenversicherungsbeitrag 15,5 % (der Sonderbeitrag des Arbeitnehmers von 0,9 % ist darin enthalten), Pflegeversicherungsbeitrag 1,95 % (kinderlose Arbeitnehmer zusätzlich 0,25 %), Arbeitslosenversicherungsbeitrag 3,0 %, Rentenversicherungsbeitrag 19,6 %.

Grundlohn 8,50 € x 168		1428,00 €
+ Kassenzulage		35,00 €
+ 8 Überstunden (8 x 8,50 € + 25 %)		85,00 €
= Bruttolohn		1548,00 €
- Lohnsteuer		113,33 €
- Solidaritätszuschlag		6,23 €
- Kirchensteuer		9,06 €
- Krankenversicherung	(Arbeitnehmeranteil 7,3 + 0,9 %)	126,94 €
- Pflegeversicherung	(Arbeitnehmeranteil 0,975 + 0,25 %)	18,96 €
- Arbeitslosenversicherung	(Arbeitnehmeranteil 1,5 %)	23,22 €
- Rentenversicherung	(Arbeitnehmeranteil 9,8 %)	151,70 €
= Nettolohn		1098,56 €

3. Wie hoch ist der **ausgezahlte Lohn**, wenn ihr noch 35 € für einen vermögenswirksamen Sparvertrag abgezogen werden?

Nettolohn	1 098,56 €
– Sparbetrag VWL	35,00 €
= ausbezahlter Lohn	1 063,56 €

4. Bruno Mayer (20 Jahre) arbeitet als Geselle in der Fleischerei Baumann. Überprüfen Sie, ob Meister Baumann bei der Gehaltsabrechnung ein Fehler unterlaufen ist. Die Höhe der einzelnen Sozialversicherungsbeiträge sowie die Höhe von Lohnsteuer, Kirchensteuer und Solidaritätszuschlag können den nebenstehenden Tabellenauszügen entnommen werden.

Lohn-/Gehaltsabrechnung Firma (Stempel)

Name: Bruno Mayer

Zeitraum: Juli 2012 Nr.

Steuerpflichtiger Lohn/Gehalt		
Lohn/Gehalt 176 Std à 9,50		1672,00
Weihnachts-/Urlaubsgeld		+
Überstunden à		+
Überstd.-/Akkord-Zuschläge		+
Sonderzahlung/Sachbezüge		+
Sonn-, Feiertags- und Nachtzuschläge aus Grundlohn		+
Fahrgeld-Erstattung		+
		+
		+
Vermögenswirksame Leistungen des Arbeitgebers		+ 25,00
Bemessungsgrundlage		
Brutto-Verdienst 1697,00		= 1697,00
Lohnsteuer-Freibetrag –		
Abzüge		
Lohnsteuer Kl. I/0 aus 1697,00	= 346,83	
Solidaritätszuschlag	+ 19,07	
Kirchensteuer: ev. 8 % kath.	+ 27,74	
Sozialversicherungsbeiträge Arbeitnehmer-Anteil: Krankenkasse	139,15	
Pflegeversicherung	+ 16,55	
Rentenversicherung	+ 166,31	
Arbeitslosenversicherung	+ 25,46	
~~Vorschuß/Abschlagszahlungen~~ Kost	+ 58,50	
Vermögenswirks. Leistg. an	+ 35,00	– 834,61
		=
Steuerfr. Bez.		
Sonn-, Feiertags- und Nachtzuschläge	+	
Auslagen-Erstattung/Fahrgeld	+	
Ersatzkassen-Erstatt./Zuschuß z. freiw. Krankenvers.	+	
Kindergeld	+	+
Auszuzahlender Betrag		862,39

Errechnet 31.07.2012 Datum

Baumann Zeichen

Abrechnung anerkannt und Betrag richtig erhalten

Datum/Unterschrift

Lohn-/Gehaltsabrechnung Zweckform

Sozialversicherungsbeitragssätze (1.1.2012)		
Versicherung	**Beitragssatz**	**Arbeitnehmeranteil**
Kranken	15,5 %*	8,2 %*
Renten	19,6 %	9,8 %
Arbeitslosen	3,0 %	1,5 %
Pflege	1,95 %	0,975 %**

* einschließlich 0,9 % Sonderbeitrag der Arbeitnehmer

** Kinderlose Arbeitnehmer über 23 Jahren zahlen zusätzlich 0,25 %

Auszug aus der Lohnsteuertabelle

Lohn/Gehalt bis Euro	Steuerklasse	Lohnsteuer	ohne Kinderfreibeträge: SolZ	Kirchensteuer 8 %	Kirchensteuer 9 %
1.694,99	I	**147,58**	8,11	11,80	13,28
	II	**120,33**	6,61	9,62	10,82
	III	**0,00**	0,00	0,00	0,00
	IV	**147,58**	8,11	11,80	13,28
	V	**345,83**	19,02	27,66	31,12
	VI	**357,83**	20,67	30,06	33,82
1.697,99	I	**148,33**	8,15	11,86	13,34
	II	**121,00**	6,65	9,68	10,89
	III	**0,00**	0,00	0,00	0,00
	IV	**148,33**	8,15	11,86	13,34
	V	**346,83**	19,07	27,74	31,21
	VI	**377,00**	20,73	30,16	33,93
1.700,99	I	**149,08**	8,19	11,92	13,41
	II	**121,75**	6,69	9,74	10,95
	III	**0,00**	0,00	0,00	0,00
	IV	**149,08**	8,19	11,92	13,41
	V	**347,83**	19,13	27,82	31,30
	VI	**377,83**	20,78	30,22	34,00

Bruttolohn	1 697,00 €
– Lohnsteuer	148,33 €
– Kirchensteuer	11,86 €
– Solidaritätszuschlag	8,15 €
– Krankenversicherung (7,3 % + 0,9 %)	139,15 €
– Rentenversicherung	166,31 €
– Arbeitslosenversicherung	25,46 €
– Pflegeversicherung	16,55 €
= **Nettolohn**	1 181,19 €
– Kost	58,50 €
– Vermögenswirksame Leistungen	35,00 €
= **auszuzahlender Betrag**	1 087,69 €

5. Ergänzen Sie die Zusammenfassung über die Lohnabzüge. Verwenden Sie hierzu folgende Begriffe: *ausbezahlter Lohn, Bruttolohn, Lohn- und Kirchensteuer, Sozialversicherungsbeiträge, sonstige Abzüge, Nettolohn, gesetzliche Abzüge, Solidaritätszuschlag.*

Bruttolohn

– Lohn- und Kirchensteuer
Solidaritätszuschlag

– Sozialversicherungsbeiträge

} gesetzliche Abzüge

= Nettolohn

– sonstige Abzüge

= ausbezahlter Lohn

 206–209 Datum: ....

1.

a) **Erklären Sie, was man unter Lohnzusatzkosten versteht.**

Kosten, die der Arbeitgeber zusätzlich zum Lohn des Arbeitnehmers aufbringen muss. Beispiele: Arbeitgeberanteile zur Sozialversicherung, Urlaub, Lohnfortzahlung bei Krankheit usw.

b) **Welche Gefahren sehen Sie in steigenden Lohnzusatzkosten?**

- Preissteigerungen
- Gefährdung der internationalen Wettbewerbsfähigkeit
- Unternehmen rationalisieren, um die Arbeitsproduktivität zu erhöhen
- Betriebe werden ins Ausland verlagert

→ Folge: höhere Arbeitslosigkeit

Nominallohn und Reallohn

2. **Ergänzen Sie das Schaubild über Nominallohn und Reallohn.**

Nominallohn – Preissteigerungen = Reallohn

3. **Unterscheiden Sie die Begriffe Nominallohn und Reallohn**

Der **Nominallohn** ist der Betrag, den jemand netto verdient.

Der **Reallohn** zeigt die wirkliche Kaufkraft, da er um die Preissteigerungsrate vermindert wurde.

4. **Wie verändert sich bei den nachfolgenden Beispielen der Reallohn?**

Beispiele	Veränderung des Reallohns
Die Preise steigen um 5 %, der Nominallohn steigt um 6 %.	Der Reallohn steigt um 1 %.
Die Preise steigen um 4,5 %, der Nominallohn steigt um 3,5 %.	Der Reallohn sinkt um 1 %.
Die Preise sinken um 0,5 %, der Nominallohn steigt um 2 %.	Der Reallohn steigt um 2,5 %.
Die Preise bleiben unverändert, der Nominallohn steigt um 3 %.	Der Reallohn steigt um 3 %.
Die Preise steigen um 6 %, der Nominallohn steigt um 4 %.	Der Reallohn sinkt um 2 %.
Die Preise steigen um 4 %, der Nominallohn bleibt unverändert.	Der Reallohn sinkt um 4 %.

 209, 210

Die Lohn-Preis-Spirale

1. Ergänzen Sie die Übersicht um folgende Begriffe:
Kaufkraft, größere, Kosten, höhere Löhne (2x), Preise, Nachfrage, gestiegene, Lohnforderungen (2x), Löhne, steigende Preise (2x), Lohn-Preis-Spirale, geringere, Preis-Lohn-Spirale

Die Gewerkschaften sind der Meinung, dass die steigenden Preise die Ursache sind für Lohnerhöhungen. Sie sprechen deshalb von der Preis-Lohn-Spirale

Die Arbeitgeber vertreten die Ansicht, dass hauptsächlich die höheren Löhne die Ursache sind für Preiserhöhungen. Sie sprechen deshalb von der Lohn-Preis-Spirale

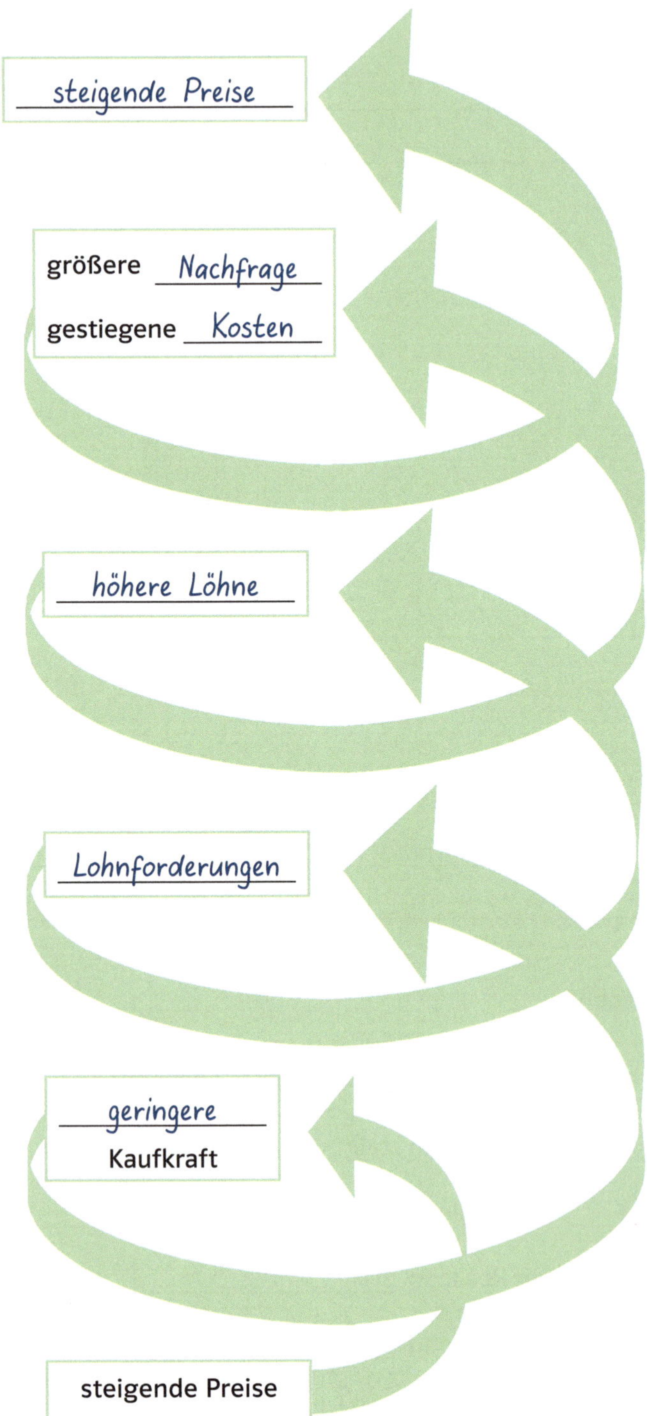

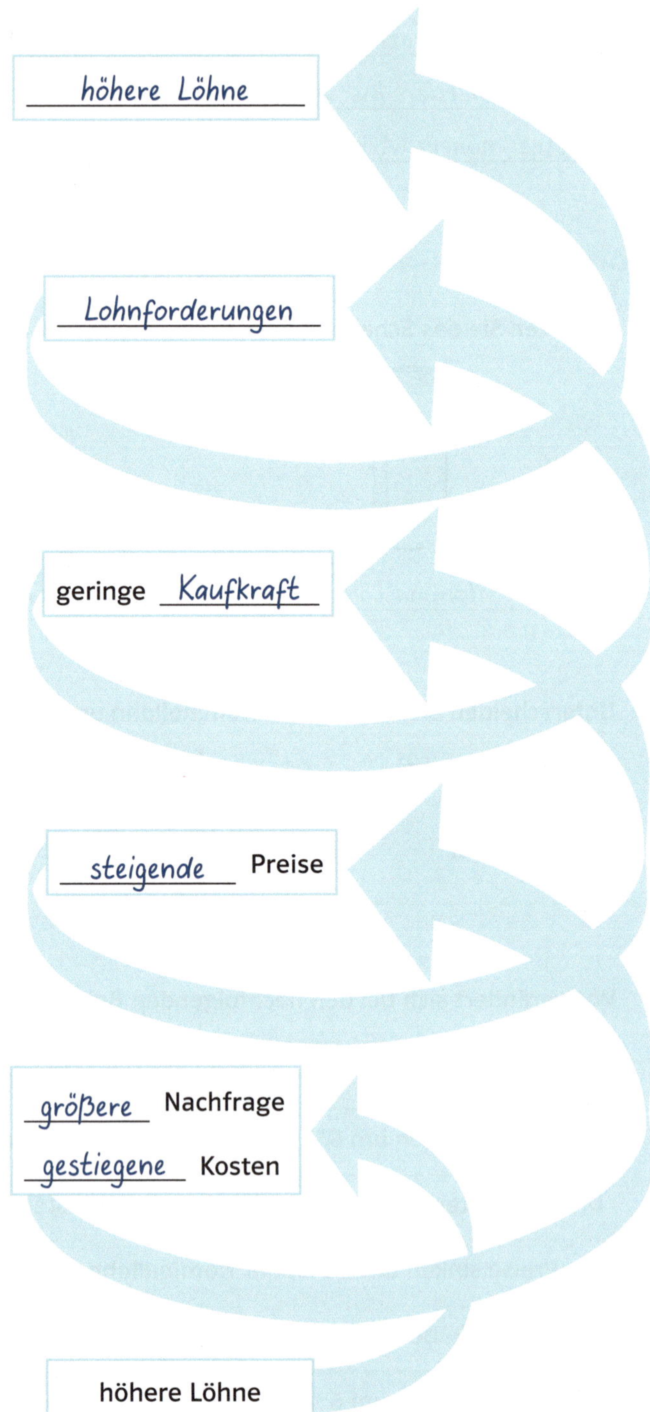

Der Markt

Wesen des Marktes

1. **Ergänzen Sie die unvollständige Abbildung und erläutern Sie, was man unter einem Markt versteht.**

Markt

← Anbieter

← Nachfrager

Als **Markt** bezeichnet man jeden Ort, an dem Anbieter und Nachfrager nach einem Gut zusammentreffen.

Beispiele: Marktplatz, Supermarkt, Versteigerung, Börse

Marktarten

2. **Nach der Art der gehandelten Güter unterscheidet man verschiedene Marktarten. Nachfolgend sind einige davon aufgeführt. Ergänzen Sie die Übersicht.**

gehandelte Güter	Marktart
menschliche Arbeitskraft	Arbeitsmarkt
Grundstücke und Gebäude	Immobilienmarkt
ausländische Zahlungsmittel	Devisenmarkt
Güter, die in den Betrieben zur Produktion verwendet werden, z. B. Computer, Maschinen	Jnvestitionsgütermarkt
Güter für die Endverbraucher, wie z. B. Nahrungsmittel, CDs	Konsumgütermarkt
langfristige Kredite, die von den Kreditinstituten zur Verfügung gestellt werden	Kapitalmarkt

214–217, 221

Datum: ....

Marktformen – Verhalten der Marktteilnehmer

3. Nach der **Anzahl der Marktteilnehmer** unterscheidet man verschiedene **Marktformen.** Tragen Sie diese in die Übersicht ein.

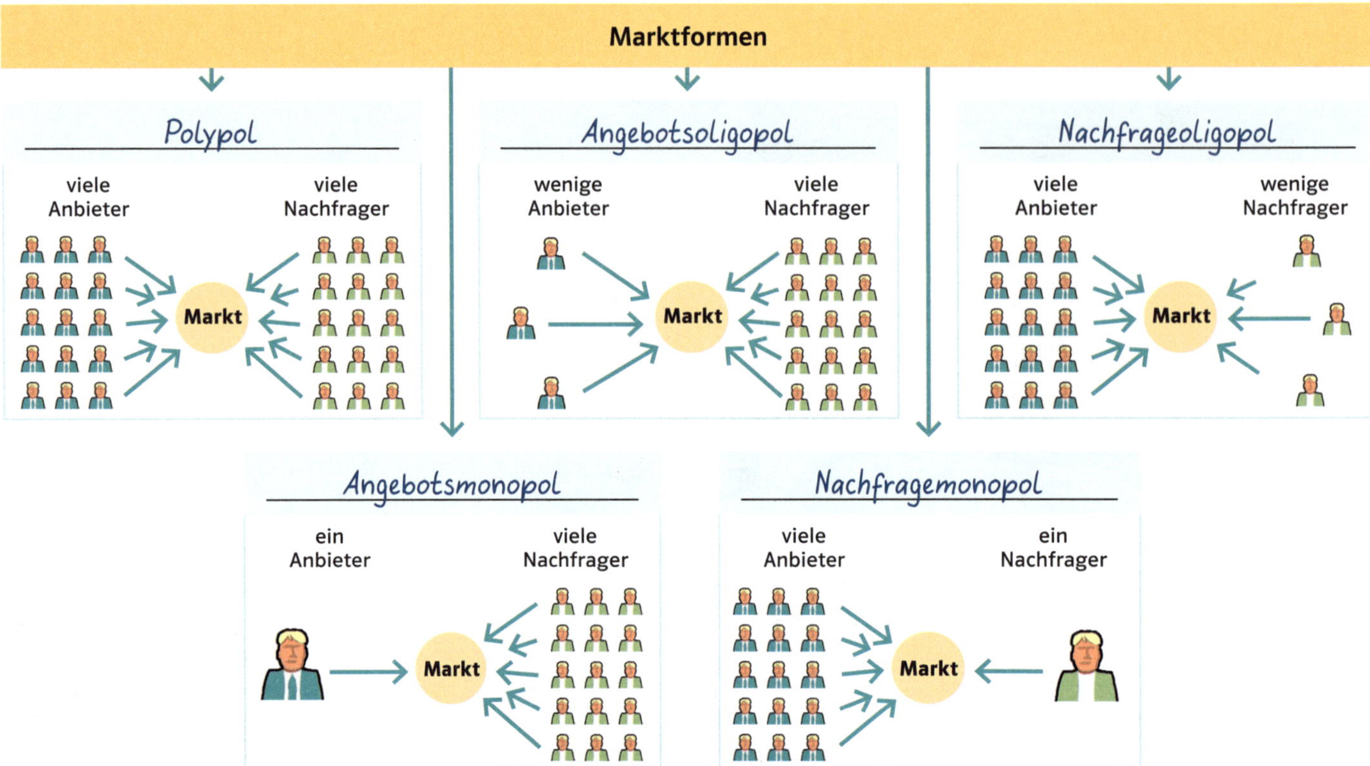

4. Auf welche Marktform wird hingewiesen? Kreuzen Sie an.

Beispiele	Polypol	Angebots-oligopol	Nachfrage-oligopol	Angebots-monopol	Nachfrage-monopol
der Benzinmarkt Deutschlands		X			
der Aktienhandel an der Berliner Wertpapierbörse	X				
Briefbeförderung durch die Deutsche Post AG (2007)				X	
Vielen Winzern eines Weinbaugebietes stehen wenige Kellereien gegenüber.			X		
U-Boote und Kriegsschiffe werden innerhalb Deutschlands nur von der Bundesmarine gekauft.					X
die patentierte Erfindung eines Unternehmers				X	
der Wochenmarkt in Ihrer Heimatstadt	X				
der Kaffeemarkt in Deutschland		X			
Nur die Deutsche Bahn AG kauft Lokomotiven.					X
Brotkäufer können unter vielen Bäckereien wählen.	X				
der Automarkt in Deutschland		X			

5. Ergänzen Sie den Lückentext.

Die Marktformen wirken sich unterschiedlich für die Nachfrager aus. Am günstigsten ist das Polypol, da sich hier viele Anbieter um die Nachfrager bemühen. Beim Angebotsoligopol besteht die Gefahr, dass die wenigen Anbieter ihre Preise absprechen. Die ungünstigste Marktform ist das Angebots-monopol, hier gibt es nur einen Anbieter, der die Preise ohne Rücksicht auf die Konkurrenz festsetzen kann.

Die Preisbildung

Die Preisbildung bei vollständiger Konkurrenz

1. Geben Sie in beiden Beispielen an, wie sich der Preis entwickelt und füllen Sie den Lückentext aus.

Beispiel 1:

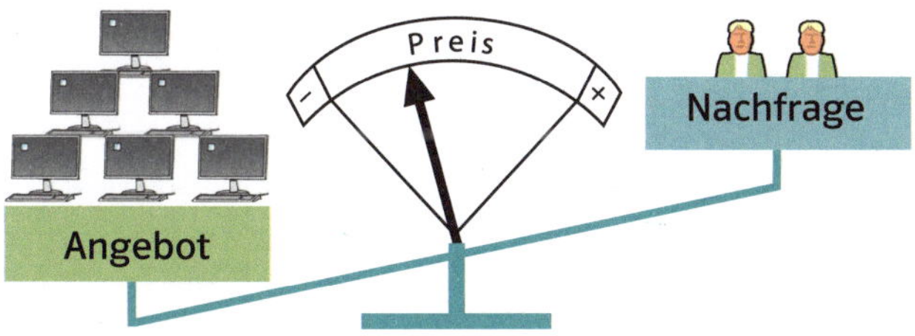

Folge: Der Preis ___sinkt___

Beispiel 2:

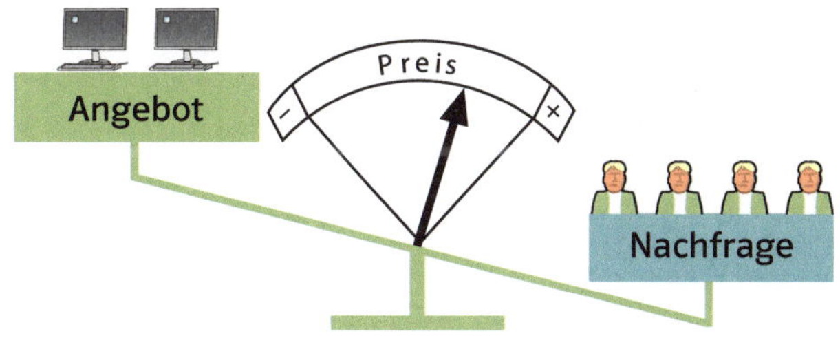

Folge: Der Preis ___steigt___

Der Preis eines Gutes wird bestimmt durch ___Nachfrage___ und ___Angebot___. Ist die angebotene Menge größer als die Nachfrage, dann ___sinkt___ der Preis. Ist das Angebot kleiner als die nachgefragte Menge, dann ___steigt___ der Preis.

2. Angebot und Nachfrage bestimmen den Preis einer Ware. Der Preis wiederum wirkt sich auf die angebotene und auf die nachgefragte Menge aus. Ergänzen Sie das Schaubild.

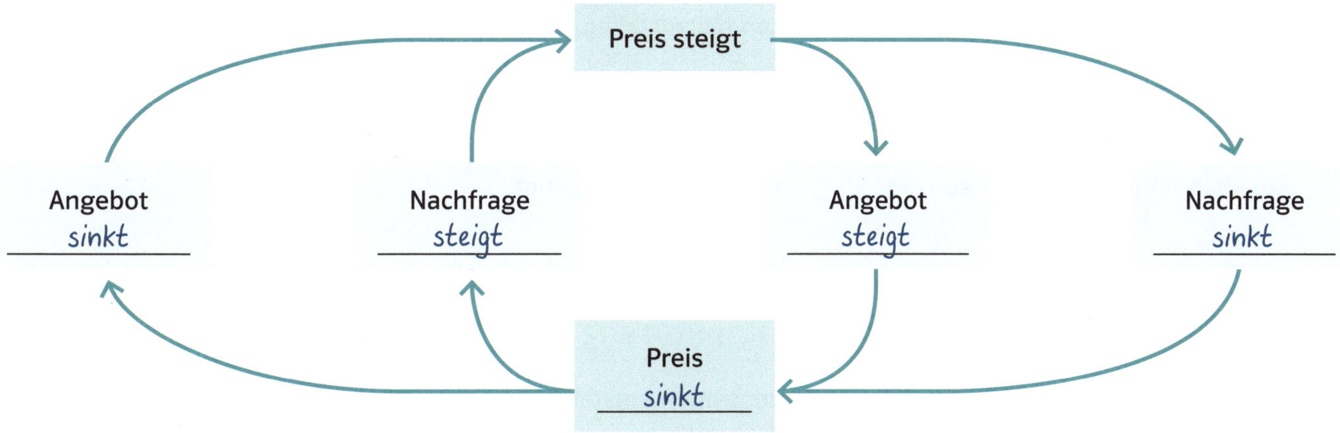

3. Auf einem Großmarkt entwickelten sich Angebot und Nachfrage nach einer bestimmten Obstsorte folgendermaßen:

Marktpreis je kg	nachgefragte Menge	angebotene Menge	verkaufte Menge
1,00 €	5000 kg	1250 kg	1250 kg
1,50 €	3750 kg	2150 kg	2150 kg
2,00 €	2850 kg	2850 kg	2850 kg
2,50 €	2350 kg	3400 kg	2350 kg
3,00 €	1900 kg	3850 kg	1900 kg
3,50 €	1550 kg	4250 kg	1550 kg
4,00 €	1250 kg	4600 kg	1250 kg

Aufgabenstellung siehe nächste Seite →

a) **Tragen Sie in dem nachfolgenden Koordinatensystem folgende Begriffe ein:** *Gleichgewichtspreis, Angebotskurve, Nachfragekurve.*

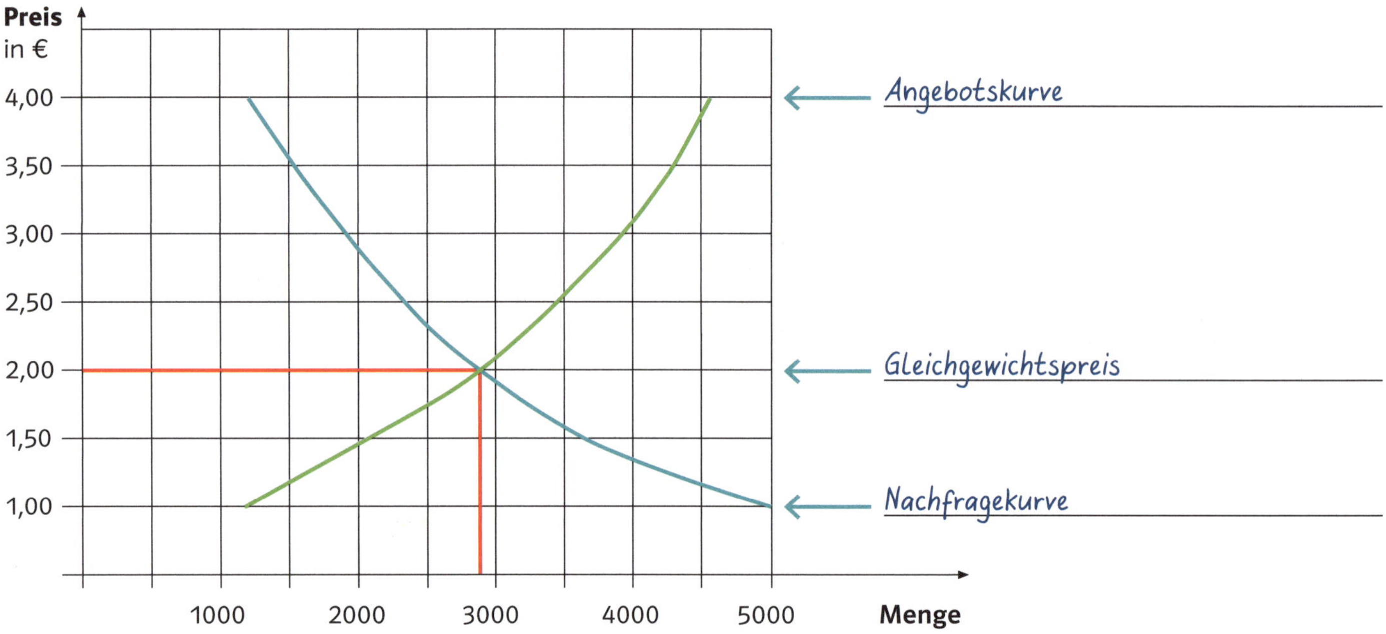

b) **Ergänzen Sie anhand des Schaubildes folgende Feststellungen:**

Der **Gleichgewichtspreis** beträgt 2,00 € , hier wird die größte Warenmenge umgesetzt.

Bei der **Nachfragekurve** ist folgendes Verhalten festzustellen: niedrige Preise bewirken eine große Nachfrage, hohe Preise bewirken eine geringe Nachfrage.

Bei der **Angebotskurve** ist folgendes Verhalten festzustellen: niedrige Preise bewirken ein geringes Angebot, hohe Preise bewirken ein großes Angebot.

Die Preisbildung bei eingeschränkter Konkurrenz

4. **a)** **Infolge der zunehmenden Unternehmenskonzentration entstehen immer mehr Angebotsoligopole. Nennen Sie hierzu zwei Beispiele:**

Mineralölmarkt, Zigarettenmarkt, Automarkt

b) **Die Preisbildung beim Angebotsoligopol wird nicht nur vom Verhalten der Nachfrager bestimmt, sondern auch von den Reaktionen der Konkurrenten. Typische Strategien sind:** *Ruinöse Konkurrenz, Preisabsprachen, Preisführung, Qualitätswettbewerb.* **Setzen Sie diese Begriffe in das Schaubild ein.**

Die Preisbildung beim Angebotsoligopol

- Ein Automobilhersteller erhöht die Garantiefrist seiner Fahrzeuge von 2 auf 3 Jahre. → Qualitätswettbewerb
- Ein Tabakkonzern erhöht seine Zigarettenpreise, die anderen ziehen nach. → Preisführung
- Ein Computerhersteller bietet seine Geräte um 20 % billiger an als seine Konkurrenten. → ruinöse Konkurrenz
- Drei große Mineralölfirmen vereinbaren, einheitliche Preise zu verlangen. → Preisabsprachen

223–224, 231

Datum: ....

Kartelle

1. Ergänzen Sie die fehlenden Aussagen über die Kartelle.
Die Nachfrage nach Fahrrädern ist stark gesunken. Um einem drohenden Preisverfall vorzubeugen, beschließen die Fahrradhersteller Trippel, Tretheimer und Radelmann, dass sie ihre Erzeugnisse zu festgelegten Preisen verkaufen.

Für diese Preisabsprache schließen sich die Fahrradhersteller zu einem Kartell zusammen. Dieser Zusammenschluss schränkt die wirtschaftliche Selbstständigkeit der beteiligten Unternehmen erheblich ein, da sie keine eigenen Preise mehr festsetzen können. Die rechtliche Selbstständigkeit der beteiligten Firmen bleibt jedoch vollständig erhalten.

2. Weshalb sind solche Absprachen nach dem Kartellgesetz verboten?

Sie schränken den Wettbewerb ein zum Nachteil der Kunden.

3. Das Gesetz gegen Wettbewerbsbeschränkungen (Kartellgesetz) verbietet zwar grundsätzlich die Bildung von Kartellen. In bestimmten Fällen sind jedoch Ausnahmen möglich.

a) Welche Behörden sind zuständig für die Überwachung von freigestellten (zulässigen) Kartellen?

Die Landesbehörden, länderübergreifend das Bundeskartellamt in Bonn.

b) Erläutern Sie zwei weitere Aufgaben dieser Behörde.

- Missbrauchsaufsicht: Überwachen, dass marktbeherrschende Unternehmen ihre Stellung nicht missbrauchen.
- Fusionskontrolle: darauf achten, dass Fusionen nicht zu einer Marktbeherrschung führen.

4. Man unterscheidet verschiedene Kartellarten. Tragen Sie in die Übersicht ein, welche Kartellarten jeweils vorliegen und ob diese verboten, anmeldepflichtig oder genehmigungspflichtig sind.

Inhalt der vertraglichen Vereinbarung	Kartellart	verboten/freigestellt
Die einheimischen Süßwarenhersteller beschließen, dass für eine Tafel Schokolade mindestens 1 € verlangt wird.	Preiskartell	verboten
Die Hersteller von Kaffee-Filtern vereinbaren einheitliche Abmessungen einzuhalten und nur noch umweltfreundliches Recyclingpapier zu verarbeiten.	Rationalisierungskartell	freigestellt
Führende Hersteller einer Ware teilen die Bundesrepublik in verschiedene Verkaufsgebiete ein. Jedes Verkaufsgebiet darf nur von bestimmten Herstellern beliefert werden.	Gebietskartell	verboten
Alle Weinhändler von Berghausen einigen sich bei Abnahme von großen Mengen einheitlich 5 % Nachlass einzuräumen.	Rabattkartell	verboten
Die Hersteller von Satellitenantennen vereinbaren einheitliche Anschlüsse.	Normen- und Typenkartell	freigestellt

Unternehmenskonzentration

1. Man unterscheidet **horizontale, vertikale** und **anorganische Unternehmenszusammenschlüsse.** Vervollständigen Sie die Abbildung durch folgende Begriffe: *Bank, Verlag, horizontaler, Molkerei, vertikaler, Kaufhaus, anorganischer.*

Unternehmenszusammenschlüsse		
vertikaler Zusammenschluss	horizontaler Zusammenschluss	anorganischer Zusammenschluss
Papierfabrik – Druckerei – Verlag	Kaufhaus – Kaufhaus – Kaufhaus	Fluglinie – Bank – Schuhfabrik – Molkerei

2. Welche Vorteile sprechen für **horizontale** und **vertikale Zusammenschlüsse?**

• Sicherung von Beschaffungs- und Absatzmöglichkeiten

• Erzielung von Kostenvorteilen

3. Welchen Vorteil sehen Sie in einem **anorganischen Zusammenschluss?**

Risikoverteilung: Gewinne in einem Wirtschaftszweig können Verluste in einem anderen ausgleichen.

Konzern

4. Die nachfolgende Abbildung zeigt sechs Unternehmen, die unter der einheitlichen Leitung eines großen Unternehmens stehen. Benennen Sie die einzelnen Teile der Abbildung.

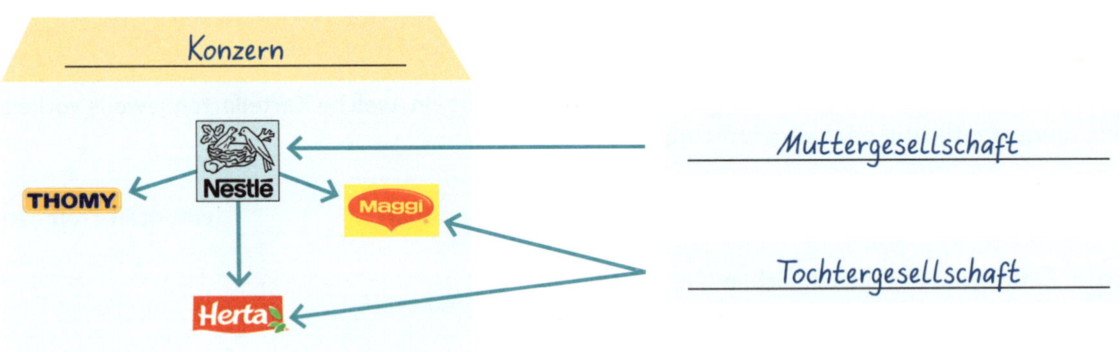

5. Ergänzen Sie die Zusammenfassung über die **Merkmale eines Konzerns.**

- Ein Konzern liegt vor, wenn mehrere Unternehmen unter einheitlicher Leitung stehen.
- Die einzelnen Unternehmen behalten zwar ihre rechtliche Selbstständigkeit (Firmenname), verlieren jedoch die wirtschaftliche Selbstständigkeit wegen der einheitlichen Leitung.
- Das Konzernunternehmen, das die anderen Unternehmen beherrscht, nennt man Muttergesellschaft.

- Tochtergesellschaften werden die abhängigen Unternehmen genannt.
- Von einer Holdinggesellschaft spricht man, wenn an der Spitze eines Konzerns eine reine Verwaltungsgesellschaft steht, die selbst nicht produziert.

Trust

6. Die große Einzelhandelskette Schleckermann kauft sämtliche Aktien der Sparkauf AG und der Kaufmarkt AG. Die beiden aufgekauften Unternehmen gehen in der Firma Schleckermann auf. Sämtliche Läden der Sparkauf AG und der Kaufmarkt AG werden zu Schleckermannfilialen.

Die Sparkauf AG und die Kaufmarkt AG sind jetzt Teile eines Trust . Damit haben sie ihre rechtliche und wirtschaftliche Selbstständigkeit verloren.

7. Nachfolgend sind drei Unternehmenszusammenschlüsse abgebildet. Tragen Sie die Art jedes Zusammenschlusses ein und geben Sie an, ob die einzelnen Unternehmen ihren Firmennamen (rechtliche Selbstständigkeit) verlieren. Überprüfen Sie ebenfalls, ob die beteiligten Firmen ihre wirtschaftliche Selbstständigkeit verlieren (z. B. jedes einzelne Unternehmen bestimmt für sich, was es herstellt, wie viel es produziert oder zu welchen Preisen die Produkte verkauft werden).

Beispiel	Art des Zusammenschlusses	Selbstständigkeit
a) Die drei Rohrreinigungsunternehmen von Berghausen haben die Stadt in drei Gebiete eingeteilt. Hausbesitzer, die eine Kanalverstopfung beseitigen lassen wollen, müssen sich an das jeweils zuständige Unternehmen wenden. 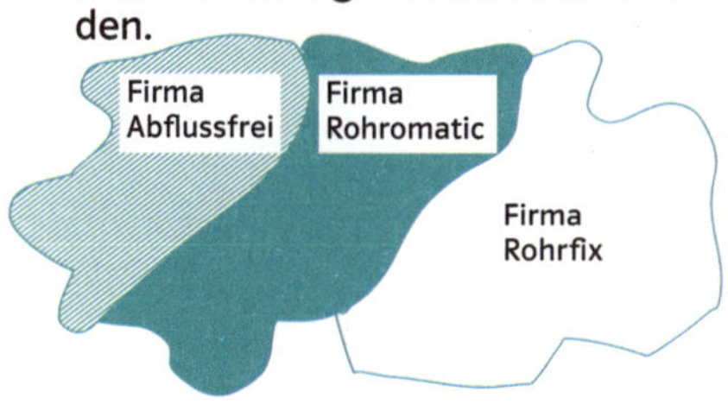 	Gebietskartell	[X] rechtliche Selbstständigkeit bleibt erhalten [ ] rechtliche Selbstständigkeit geht verloren [ ] wirtschaftliche Selbstständigkeit bleibt erhalten [X] wirtschaftliche Selbstständigkeit geht verloren
b) 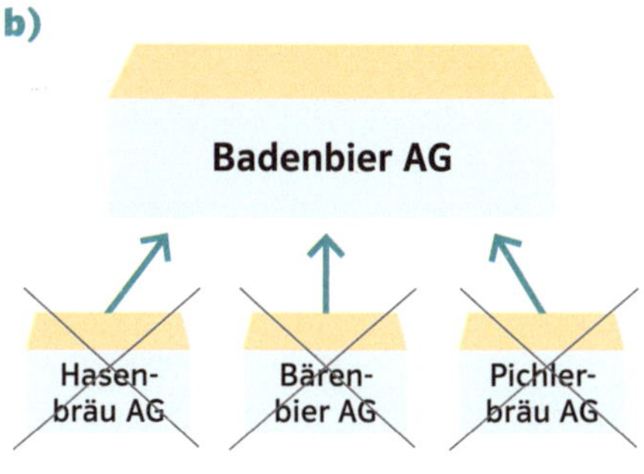 	Trust	[ ] rechtliche Selbstständigkeit bleibt erhalten [X] rechtliche Selbstständigkeit geht verloren [ ] wirtschaftliche Selbstständigkeit bleibt erhalten [X] wirtschaftliche Selbstständigkeit geht verloren
c) 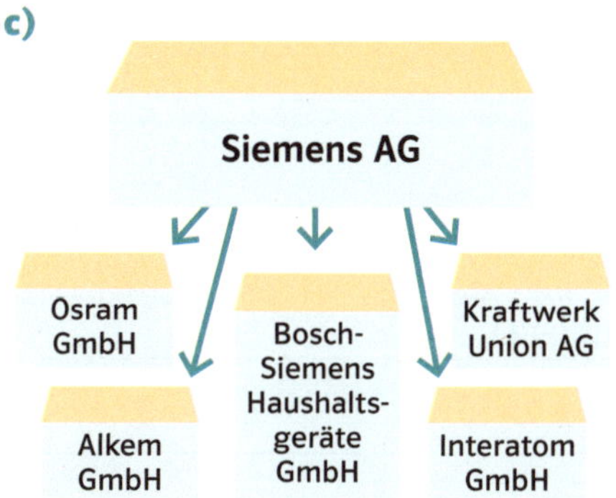 	Konzern	[X] rechtliche Selbstständigkeit bleibt erhalten [ ] rechtliche Selbstständigkeit geht verloren [ ] wirtschaftliche Selbstständigkeit bleibt erhalten [X] wirtschaftliche Selbstständigkeit geht verloren

8. **Welche positiven und welche negativen Auswirkungen können Unternehmenszusammenschlüsse haben?**

Vorteile von Unternehmenszusammenschlüssen	Nachteile von Unternehmenszusammenschlüssen
• große Kapitalkraft für Forschungsaufgaben	• Entstehung von Monopolen durch
• Massenproduktion durch einheitliche	eingeschränkten Wettbewerb
Normen und Typen	• Fortführung unrentabler Betriebe
• konkurrenzfähiger im internationalen	• Fehlentscheidungen von Großbetrieben
Wettbewerb	können Wirtschaftskrisen verursachen

Staatliche Eingriffe

9. **a) Die Mitgliedstaaten der EU betreiben eine gemeinsame Agrarpolitik (Landwirtschaftspolitik), um die landwirtschaftliche Produktion zu sichern, Verbraucher zu vernünftigen Preisen mit Nahrungsmitteln zu versorgen und um den Landwirten ein angemessenes Einkommen zu ermöglichen.**

Um dies zu erreichen, griff die EU in der Vergangenheit in den Agrarmarkt ein. Welches Problem und welche Folgen ergaben sich durch diese Eingriffe?

Da die Erzeugnisse zu garantierten Preisen abgenommen wurden, stiegen die Produktionsmengen immer mehr. Die Folge: Enorme Kosten entstanden für den Aufkauf, die Einlagerung oder die Vernichtung der Überschüsse.

b) Zählen Sie wichtige Zielsetzungen der geplanten Reform des Agrarmarktes auf.

- Sicherung der Nahrungsmittelversorgung
- Direktzahlungen an Landwirte zur Einkommenssicherung
- Naturschutz beeinflusst die Höhe der Direktzahlungen
- Exportsubventionen bei billigeren Weltmarktpreisen
- Bessere Förderung benachteiligter Gebiete

10. **Geben Sie drei weitere Beispiele für staatliche Eingriffe in den Wettbewerb.**

Staatliche Eingriffe in den Wettbewerb:

- Monopole (z. B. Wasserwerke)
- Lizenzen (z. B. Mobilfunk, Nahverkehr)
- Subventionen (z. B. Bergbau, Schiffbau)

223–234
Datum: ....

Die freie Marktwirtschaft und die Zentralverwaltungswirtschaft

1. In jedem Staat der Erde laufen die wirtschaftlichen Vorgänge nach unterschiedlichen Regeln ab. Zwar bestehen zwischen den einzelnen Volkswirtschaften zahlreiche Unterschiede, dennoch lassen sich alle auf zwei verschiedene **Wirtschaftsmodelle** (Wirtschaftsordnungen) zurückführen. Ergänzen Sie die Übersicht um diese Modelle und deren Merkmale.

Jeder genießt völlige wirtschaftliche Freiheit, da der Staat nicht in das Wirtschaftsleben eingreift.

Der Staat plant und regelt das gesamte Wirtschaftsleben.

freie Marktwirtschaft		Zentralverwaltungswirtschaft
Jeder einzelne Wirtschaftsteilnehmer entscheidet aufgrund von Angebot und Nachfrage.	← Wer **steuert** und plant die Wirtschaft? →	Die staatliche Planbehörde. Sie legt z. B. fest, was oder wie viel produziert wird.
Produktionsmittel sind Privateigentum.	← Wem gehören die **Produktionsmittel?** →	Produktionsmittel sind Staatseigentum.
auf dem Markt durch Angebot und Nachfrage	← Wie erfolgt die **Preisbildung**? →	Preise werden staatlich festgesetzt.
Gewerkschaften und Arbeitgeberverbände in Tarifverhandlungen	← Wer setzt die **Löhne** fest? →	Löhne werden staatlich festgesetzt.
Gewinnerzielung	← Welches **Ziel** hat das Wirtschaften? →	Oberstes Ziel ist die Planerfüllung.

2. Sowohl die freie Marktwirtschaft als auch die Zentralverwaltungswirtschaft weisen erhebliche Nachteile auf. Ordnen Sie die folgenden Nachteile dem entsprechenden Wirtschaftsmodell zu: *Arbeitsplatz und Beruf können nicht frei gewählt werden, Ausbeutung wirtschaftlich Schwächerer, aufwändiger Verwaltungsapparat, Monopole und Kartelle können die Preise festsetzen, mangelnder Leistungsanreiz, Versorgungslücken, keine soziale Absicherung der Arbeitnehmer, Konjunkturschwankungen, Arbeitslosigkeit, fantasielose Güterproduktion nach Plan.*

Nachteile der freien Marktwirtschaft	Nachteile der Zentralverwaltungswirtschaft
• Ausbeutung wirtschaftlich Schwächerer	• Arbeitsplatz und Beruf können nicht frei gewählt werden.
• Monopole und Kartelle können die Preise festsetzen.	• aufwändiger Verwaltungsapparat
• keine soziale Absicherung der Arbeitnehmer	• mangelnder Leistungsanreiz
• Konjunkturschwankungen	• Versorgungslücken
• Arbeitslosigkeit	• fantasielose Güterproduktion nach Plan

3. Kreuzen Sie an, ob die folgenden Aussagen auf die freie Marktwirtschaft oder auf die Zentralverwaltungswirtschaft zutreffen.

Aussagen	Zentralverwaltungswirtschaft	freie Marktwirtschaft
a) Der Markt richtet sich nach den Wünschen der Verbraucher.		X
b) Der Staat bestimmt durch genaue Pläne, was investiert und was produziert wird.	X	
c) Der Staat weist den Auszubildenden die Betriebe zu, da er den Einsatz der Arbeitskräfte steuert.	X	
d) Unternehmen können den Wettbewerb durch Preisabsprachen einschränken.		X
e) Arbeitslosigkeit ist unbekannt, da Arbeitslose zu Lasten der Gesamtwirtschaft „verplant“ werden.	X	
f) Kleine Planungsfehler in einem Wirtschaftsbereich setzen sich fort und führen zu Versorgungslücken.	X	
g) Der rücksichtslose Konkurrenzkampf ist beseitigt, die wirtschaftlich Schwächeren werden nicht mehr ausgenutzt.	X	
h) Wenn ein Anbieter ausfällt, besorgt sich der Nachfrager die benötigten Güter bei einem anderen Lieferanten.		X
i) Streiks für bessere Arbeitsbedingungen sind verboten, weil dadurch die Planerfüllung gefährdet würde.	X	
j) Erfindungen und wirtschaftliche Höchstleistungen sind eine Folge des starken Wettbewerbs.		X

 235–237 Datum: ....

Die soziale Marktwirtschaft

1. **Die Wirtschaftsordnung der Bundesrepublik Deutschland ist die soziale Marktwirtschaft. Sie ermöglicht die Vorteile der freien Marktwirtschaft, verhindert jedoch deren Nachteile. Erläutern Sie anhand der Abbildung, wie diese Aufgabe erreicht wird.**

Um die wirtschaftlich Schwachen zu schützen, greift der Staat in das Marktgeschehen ein.

2. **Die soziale Marktwirtschaft und die freie Marktwirtschaft sind sich sehr ähnlich. Nennen Sie 3 gemeinsame Merkmale.**

Freie Marktwirtschaft → **Gemeinsame Merkmale** ← Soziale Marktwirtschaft

- Privateigentum an Produktionsmitteln
- freie Berufswahl
- freier Wettbewerb
- Preisbildung durch Angebot und Nachfrage
- keine staatliche Planbehörde

3. **In der sozialen Marktwirtschaft greift der Staat auf verschiedene Art und Weise in das Wirtschaftsgeschehen ein. Ergänzen Sie das Schaubild um folgende Begriffe:** *Konjunkturpolitik, Sozialpolitik, Wettbewerbspolitik, Strukturpolitik, Einkommenspolitik, öffentliche Unternehmen*

Staatliche Eingriffe in den Wirtschaftsablauf

Sozialpolitik	Konjunkturpolitik	Strukturpolitik	Einkommenspolitik	öffentliche Unternehmen	Wettbewerbspolitik
Ziel: Unterstützung Bedürftiger	**Ziel:** Beeinflussung der Konjunktur	**Ziel:** Unterstützung schwacher Gebiete und Wirtschaftszweige	**Ziel:** gerechte Verteilung von Vermögen	**Ziel:** Sicherstellung der Versorgung der Bevölkerung	**Ziel:** Sicherung des Wettbewerbs

Grundgedanke: Die wirtschaftlich Schwachen sollen geschützt werden.

4. Wesentliche Bereiche der Sozialpolitik sind die soziale Sicherung und der Schutz der Arbeitnehmer. Nennen Sie hierzu jeweils 5 staatliche Maßnahmen.

soziale Sicherung Sozialversicherung (Renten-, Kranken-, Pflege-, Unfall-, Arbeitslosenversicherung), Sozialgeld bzw. Sozialhilfe, Kindergeld, Wohngeld, Sozialwohnungen, Ausbildungsförderung usw.

Arbeitsschutzbestimmungen Kündigungsschutzgesetz, Arbeitszeitgesetz, Mutterschutzgesetz, Jugendarbeitsschutzgesetz, Schwerbehindertenschutz im Sozialgesetzbuch, Bundesurlaubsgesetz usw.

5. Zählen Sie verschiedene Maßnahmen der Wettbewerbspolitik auf, die dem Schutz der Verbraucher dienen sollen.

Eichgesetz, Preisangabenverordnung, Kartellgesetz, Gesetz gegen unlauteren Wettbewerb (UWG), Produkthaftungsgesetz, Verbraucherinformationsgesetz usw.

6. Tragen Sie zu den nachfolgenden Beispielen ein, welcher Politik der jeweilige Eingriff zuzuordnen ist.

Beispiele	Staatlicher Eingriff
1995 wurde eine Pflegeversicherung eingeführt.	Sozialpolitik
Arbeitnehmer können prämienbegünstigt sparen.	Einkommenspolitik
In einer Großstadt wird ein weiteres städtisches Krankenhaus gebaut.	öffentliche Unternehmen
Ältere Arbeitslose können länger Arbeitslosengeld I beziehen.	Sozialpolitik
Die Elternzeit kann bis zu 36 Monate betragen.	Sozialpolitik
Um die Wirschaft anzukurbeln, wird die Besteuerung der Unternehmen gesenkt.	Konjunkturpolitik
Die Landwirtschaft und der Bergbau erhalten Subventionen.	Strukturpolitik
Höhere Einkommen werden stärker besteuert.	Einkommenspolitik
Um die Wirtschaft anzukurbeln, werden mehr Staatsaufträge vergeben.	Konjunkturpolitik
Die Stadt Berghausen plant für ihren städtischen Verkehrsbetrieb eine weitere Buslinie.	öffentliche Unternehmen
Wegen verbotenen Preisabsprachen werden jedes Jahr zahlreiche Bußgelder gegen die betroffenen Unternehmen verhängt.	Wettbewerbspolitik
Bei der städtischen Müllabfuhr wird eine „Bio-Tonne" eingeführt.	öffentliche Unternehmen

1. **Ergänzen Sie die folgende Abkürzung:**

B rutto **I** nlands **P** rodukt

Erläutern Sie, was man darunter versteht.

Das Bruttoinlandsprodukt ist der in Marktpreisen ausgedrückte Wert aller Güter und Dienstleistungen, die in einem Jahr innerhalb der Landesgrenzen einer Volkswirtschaft erzeugt worden sind.

2. **Entnehmen Sie der nebenstehenden Grafik, um wie viel % das Bruttoinlandsprodukt im Jahr 2011 gestiegen ist.**

nominales Bruttoinlandsprodukt	reales Bruttoinlandsprodukt
↓	↓
+ 3,8 %	+ 3,0 %

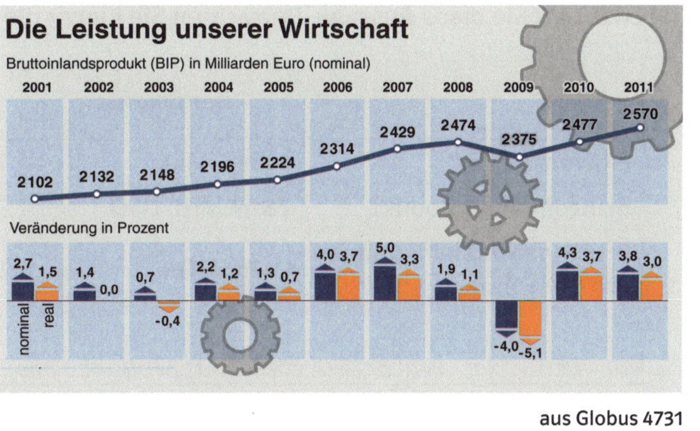

aus Globus 4731

3. Man unterscheidet ein **„nominales“** und ein **„reales Bruttoinlandsprodukt“**. **Ergänzen Sie die Abbildung um folgende Begriffe:** *reales Bruttoinlandsprodukt, nominales Bruttoinlandsprodukt, Preissteigerungen.*

Preissteigerungen

nominales Bruttoinlandsprodukt

Es wird zu derzeitigen Marktpreisen ermittelt.

reales Bruttoinlandsprodukt

Es berücksichtigt die Inflationsrate und informiert deshalb über das tatsächliche Wachstum einer Volkswirtschaft.

4. Weshalb ist die Aussagekraft des **Bruttoinlandsproduktes** begrenzt?

- Viele Leistungen werden nicht erfasst, z. B. Haus-, Erziehungs- und Pflegearbeit, ehrenamtliche Vereinsarbeit (2001: 820 Mrd. €)
- Schwarzarbeit wird nicht genau erfasst (2009: 355 Mrd. € = 14,8 % des BIP).
- Es sind auch Leistungen enthalten, die den Lebensstandard vermindern, z. B. die Beseitigung von Unfallschäden, Umweltschäden.
- Das BIP informiert nicht über die ungleiche Verteilung des Wohlstands.

5. Obwohl das reale Bruttoinlandsprodukt gestiegen ist, kann der Lebensstandard einer Bevölkerung gesunken sein. Erläutern Sie diese Aussage. Betrachten Sie hierzu die nachfolgende Statistik aus dem Jahr 2007/2008.

	Bangladesch	Schweiz	Volksrepublik China	USA
Einwohnerzahl	158,6 Mio.	7,6 Mio.	1326 Mio.	301,6 Mio.
Bruttoinlandsprodukt	81,9 Mrd. USD	335,2 Mrd. USD	4329 Mrd. USD	14265 Mrd. USD
Bruttonationaleinkommen pro Einwohner	470 USD	60820 USD	2370 USD	46040 USD

Nur wenn das reale Bruttoinlandsprodukt pro Einwohner zugenommen hat, kann jeder Bürger über mehr Güter und Dienstleistungen verfügen, d. h. der Lebensstandard ist gestiegen.

6. Das Bruttoinlandsprodukt kann auf drei verschiedene Arten ermittelt werden. Ergänzen Sie die Übersicht.

Bruttoinlandsprodukt

Entstehungsrechnung

Sie gibt an, wo das Bruttoinlandsprodukt erarbeitet wurde.

z. B.
- Dienstleistungen
- Industrie und Handwerk
- Handel

Verwendungsrechnung

Sie gibt an, wofür das Bruttoinlandsprodukt verwendet wurde.

z. B.
- Staatsverbrauch
- Investitionen
- Privater Verbrauch

Verteilungsrechnung

Sie gibt an, wie man das Bruttoinlandsprodukt verteilt hat.

z. B.
- Löhne
- Gewinne und Vermögenserträge

 248–251, 255 Datum: ....

Ziele des Stabilitätsgesetzes (Magisches Viereck)

1. Wirtschaftskrisen können zu großer Not für weite Teile der Bevölkerung führen. Um dies zu verhindern, beeinflusst der Staat das Wirtschaftsgeschehen. Im **Stabilitätsgesetz** von 1967 sind die **Hauptziele der staatlichen Wirtschaftspolitik** festgelegt. Setzen Sie diese Ziele in das Schaubild ein.

Preisstabilität

Vollbeschäftigung

Das magische Viereck

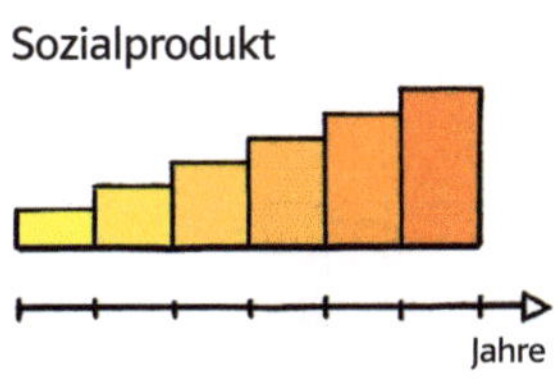

angemessenes Wirtschaftswachstum

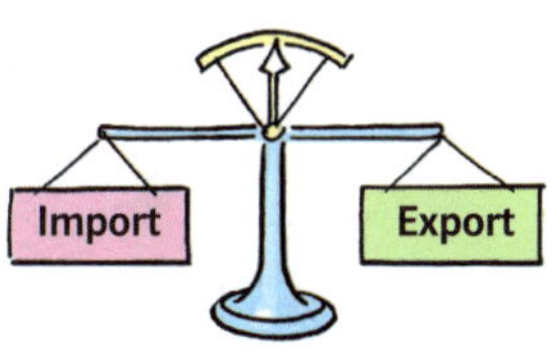

außenwirtschaftliches Gleichgewicht

2. Tragen Sie ein, auf welches der vier Ziele des magischen Vierecks sich die folgenden Sachverhalte hauptsächlich auswirken? Geben Sie außerdem an, ob das jeweilige Ziel dadurch erfüllt oder nicht erfüllt wird.

Sachverhalt	Vollbeschäftigung	Preisstabilität	außenwirtschaftliches Gleichgewicht	angemessenes Wirtschaftswachstum	erfüllt/ nicht erfüllt
Die Arbeitslosenquote ist auf 7,9 % gestiegen.	X				nicht erfüllt
Das Bruttoinlandsprodukt ist um 3,5 % gestiegen.				X	erfüllt
Die Lebenshaltungskosten sind um 4,2 % gestiegen.		X			nicht erfüllt
Die Exportüberschüsse der Bundesrepublik betrugen 25 Mrd. €.			X		nicht erfüllt
Durch Arbeitsbeschaffungsmaßnahmen sinkt die Zahl der Arbeitslosen auf 1,8 %.	X				erfüllt

3. Weshalb spricht man bei den Hauptzielen der staatlichen Wirtschaftspolitik vom **„magischen Viereck"**?

Nur ein Magier (Zauberer) kann alle Ziele gleichzeitig und gleich gut erreichen.
Denn Maßnahmen, die ein Ziel fördern, können gleichzeitig ein anderes Ziel gefährden.

4. **Überlegen Sie anhand der beiden Beispiele, welche Auswirkungen sich ergeben, wenn die Ziele des magischen Vierecks nicht erreicht werden. Ergänzen Sie hierzu die beiden Lückentexte durch folgende Begriffe:** *Inflation, Gütermenge, Kaufkraft, Produktion, Nachfrage, Arbeitsplätze, Geldmenge, entlassen.*

Nicht erreicht: **Vollbeschäftigung**	Nicht erreicht: **außenwirtschaftliches Gleichgewicht**
Wird die Vollbeschäftigung nicht erreicht, dann verfügt die Bevölkerung über weniger Kaufkraft. Die Bürger können weniger Güter kaufen. Aufgrund der gesunkenen Nachfrage vermindern die Unternehmen ihre Produktion. Noch mehr Arbeitnehmer werden entlassen.	Bei einer zu hohen Ausfuhr fließt viel Geld ins Inland zurück, die Geldmenge wächst schneller als die Gütermenge. Eine Inflation kann entstehen. Bei einer sehr geringen Ausfuhr sind viele Arbeitsplätze gefährdet.

5. **Um welche wichtigen Ziele wurde das magische Viereck zum magischen Sechseck erweitert? Vervollständigen Sie die Abbildung um die Ziele des magischen Sechsecks.**

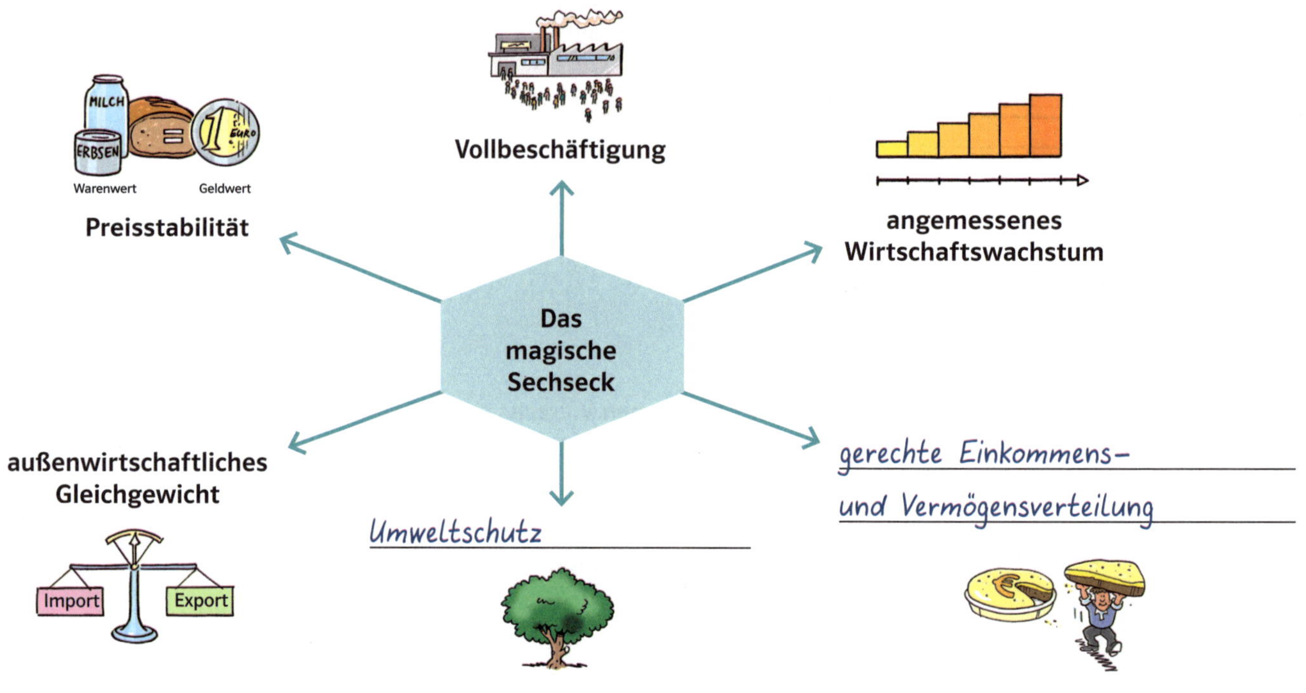

6. **Wird ein wirtschaftspolitisches Ziel angestrebt, so werden unter Umständen dadurch andere Ziele gefährdet. Überlegen Sie, welche wirtschaftspolitischen Ziele vorwiegend gefährdet sind.**

angestrebtes Ziel:
stabile Preise

gefährdet → Wirtschaftswachstum, Vollbeschäftigung

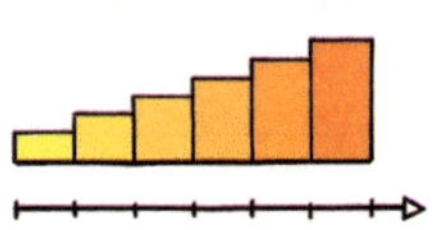

angestrebtes Ziel:
Wirtschaftswachstum

gefährdet → stabile Preise, Umweltschutz, außenwirtschaftliches Gleichgewicht

Konjunkturprobleme

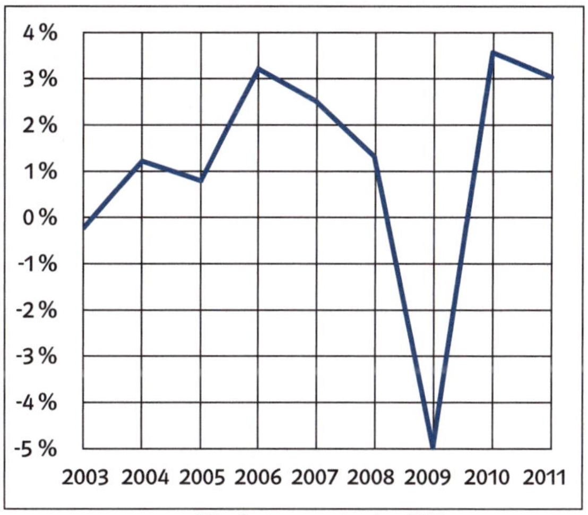

Wachstumsrate des BIP

1. a) Zeigen Sie an der Entwicklung des realen Bruttoinlandsduktes (BIP), wie sich die Konjunktur in den letzten Jahren verändert hat. Entnehmen Sie die hierzu erforderlichen Zahlen dem Schaubild auf S. 101.

   b) Erläutern Sie, was man demnach unter **„Konjunktur"** versteht.

   Unter Konjunktur versteht man die ständige Veränderung (das Auf und Ab) der Wirtschaftslage.

2. Man unterscheidet vier **Konjunkturphasen.** Ergänzen Sie die Abbildung über den Konjunkturverlauf.

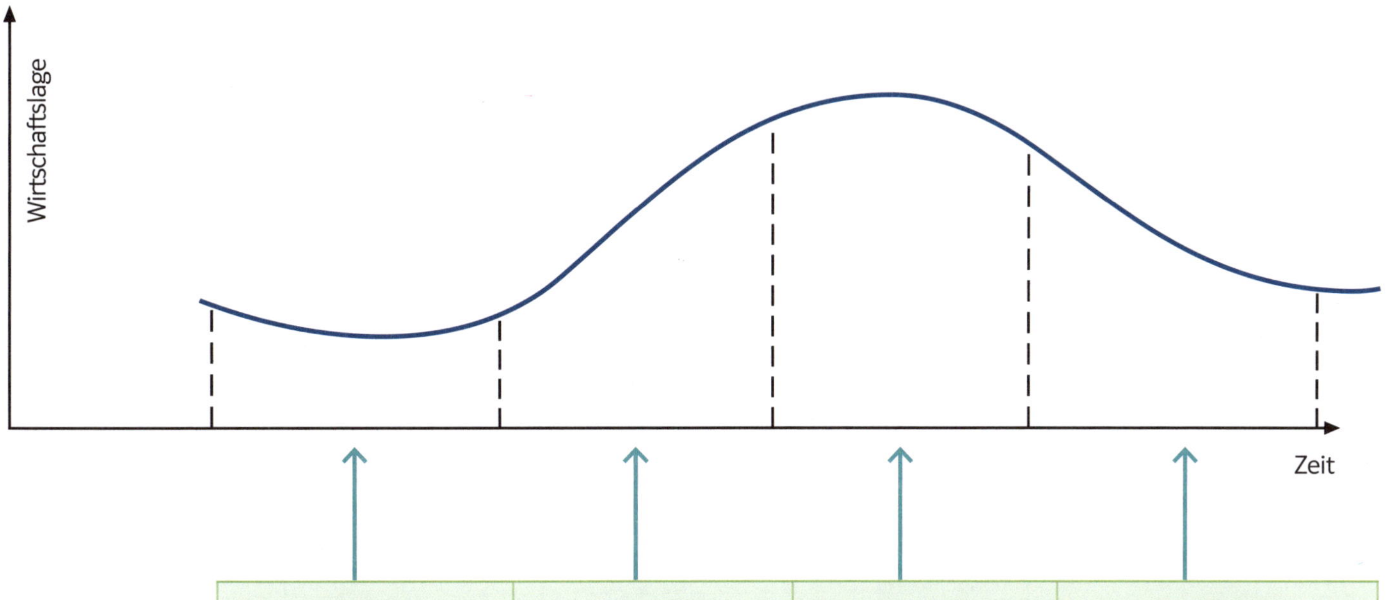

	Tiefstand (Depression)	Aufschwung (Expansion)	Hochkonjunktur (Boom)	Abschwung (Rezession)
Preise/ Einkommen	tief	steigend	hoch	sinkend
Nachfrage/ Produktion	gering	steigend	hoch	sinkend → Überproduktion
Investitionsbereitschaft	gering	steigend	hoch	sinkend
Zinssätze/ Aktienkurse	tief	steigend	hoch	sinkend
Arbeitslosenzahl	hoch	abnehmend	niedrig → – Vollbeschäftigung – Arbeitskräftemangel	steigend → zunehmend Entlassungen

3. Tragen Sie in den beiden Abbildungen ein, auf welche Konjunkturphasen die zwei Pfeile hinweisen. Ergänzen Sie außerdem, wodurch sie die Wirtschaft belasten.

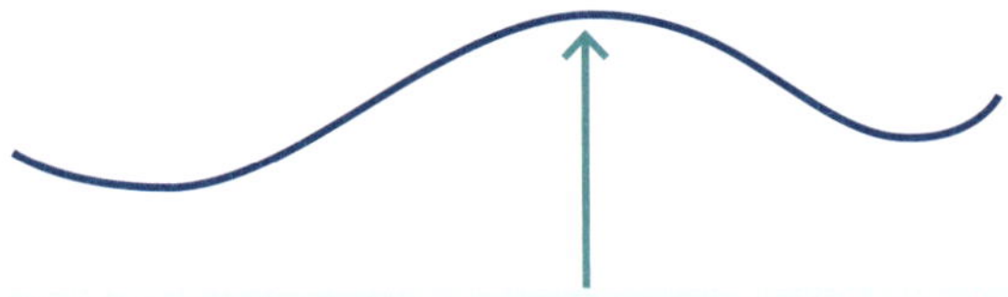

Hochkonjunktur (Boom)

↓

steigende Preise (Inflation)

Depression (Tiefstand)

↓

Arbeitslosigkeit

4. Tragen Sie ein, mit welchen Maßnahmen der Staat die Konjunktur ankurbeln oder dämpfen kann.

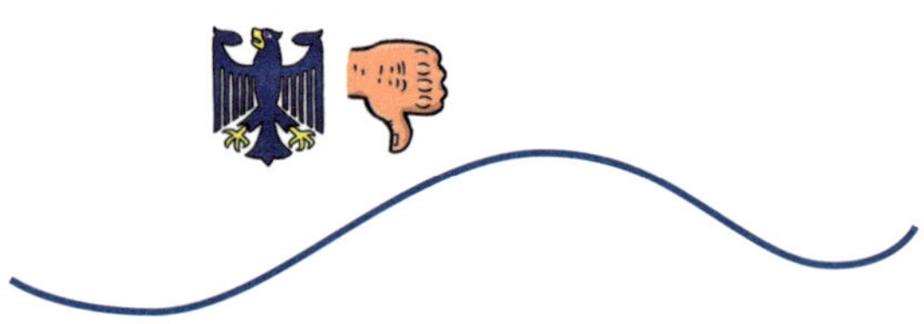

Staatliche Maßnahmen zur Dämpfung der Konjunktur.

- Staatsaufträge vermindern
- Steuern für Unternehmen und Verbraucher erhöhen
- Subventionen kürzen
- Sparprämien gewähren
- Abschreibungsmöglichkeiten senken

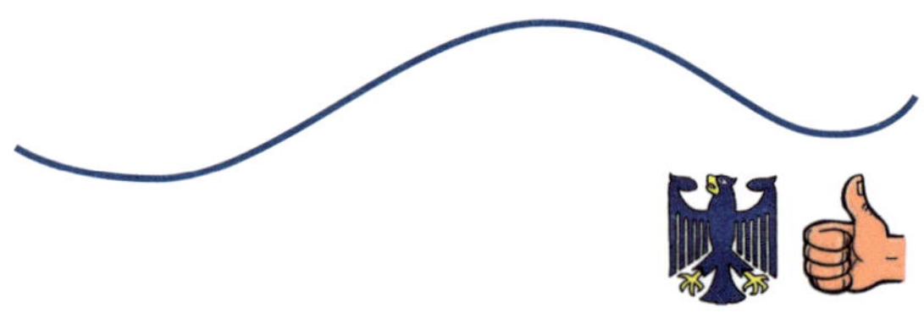

Staatliche Maßnahmen zur Ankurbelung der Konjunktur.

- Staatsaufträge erhöhen
- Steuern für Unternehmen und Verbraucher senken
- Subventionen erhöhen
- Sparprämien verringern
- Abschreibungsmöglichkeiten erhöhen

↓ ↓

Die Konjunkturpolitischen Maßnahmen des Staates erfolgen **antizyklisch,** d.h. sie erfolgen entgegen dem Konjunkturzyklus (Ablauf).

5. Kreuzen Sie an, welche Aussagen zutreffen.

- [ ] In der Rezession erhöhen die Unternehmen die Produktion besonders, damit sie die gestiegene Nachfrage zufrieden stellen können.
- [X] Eine Expansion liegt vor, wenn sich die Auftragseingänge der Wirtschaft erhöhen sowie Beschäftigung, Investitionen und Preise steigen.
- [X] Die geringste wirtschaftliche Tätigkeit ist während einer Depression.
- [X] Bei einer Rezession gehen die Aufträge zurück, die Unternehmer verringern ihre Investitionen und die Arbeitslosigkeit nimmt zu.
- [ ] Während der Hochkonjunktur gibt es sehr viele Arbeitslose.
- [ ] Während einer Depression und einer Expansion gehen die Steuereinnahmen des Staates zurück.

 244–245 Datum: ....

Probleme der sozialen Sicherung

1. Übertragen Sie die Daten über die Entwicklung der Arbeitslosigkeit, der Zahl der Rentner sowie der Rentenbeitragszahler in das jeweilige Schaubild und beschriften Sie die eingetragenen Kurven.

Jahr	1995	1997	1999	2001	2003	2005	2007	2009	2011
Arbeitslose in Mio.	3,6	4,4	4,1	3,9	4,4	4,9	3,8	3,3	2,97

Jahr	2000	2010	2020	2030
Rentner in Mio.	20,3	23,3	25,1	27,3
Beitragszahler in Mio.	32,6	31,1	28,2	23,6

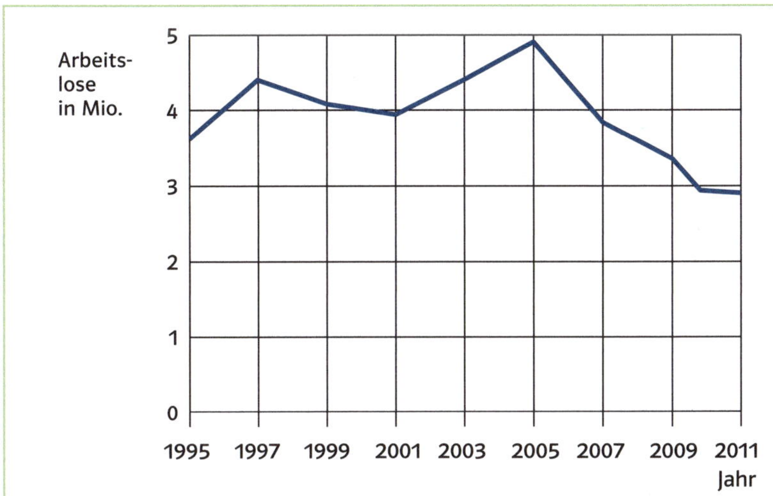

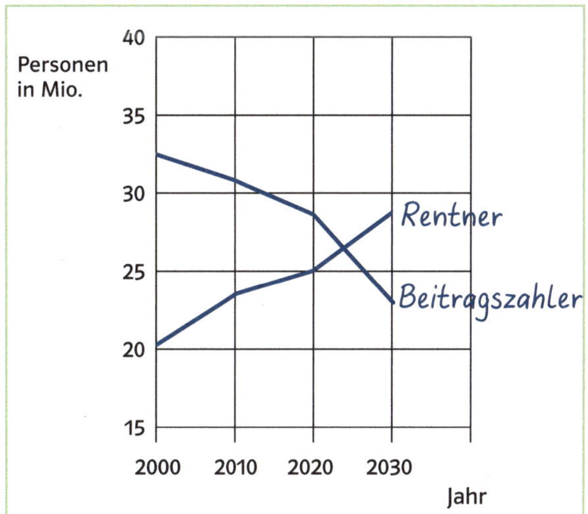

2. Beschreiben Sie die Probleme der sozialen Sicherung am Beispiel der Sozialversicherungen.

Je mehr die Zahl der Arbeitslosen und Rentner steigt, um so geringer werden die Beitragseinnahmen.

→ Gleichzeitig steigen die Ausgaben für Arbeitslosenunterstützung und Renten.

→ Um diese Ausgaben zu finanzieren, müssen die Beiträge erhöht und die Leistungen gekürzt werden.

→ Hinzu kommt, dass durch die Überalterung der Bevölkerung auch die Ausgaben der Pflegeversicherung und der Krankenversicherung steigen.

→ Die Folge: Weitere Beitragserhöhungen und Leistungskürzungen lassen den Lebensstandard sinken. Mehr Eigenverantwortung wird erforderlich.

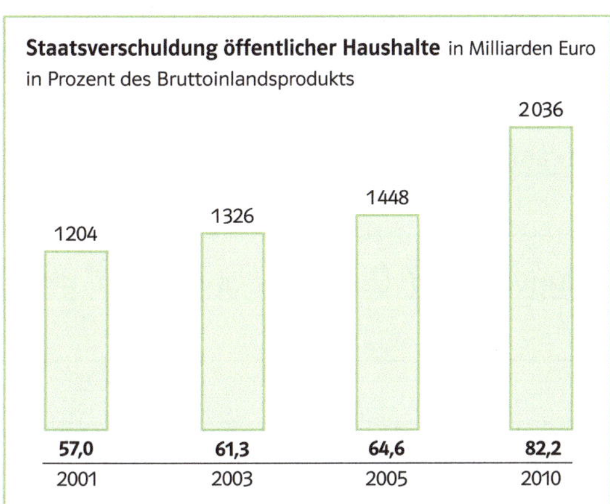

3. Erläutern Sie den Zusammenhang zwischen den Problemen der sozialen Sicherung und der Entwicklung der Staatsverschuldung:

Die Leistungskürzungen der Sozialversicherungen bewirken z. B., dass mehr Bürger Sozialgeld bzw. Sozialhilfe benötigen. Der Staat hat höhere Ausgaben, gleichzeitig aber geringere Einnahmen.

246–248

Privatisierung

1. Erläutern Sie mit Hilfe des Schaubildes, weshalb zunehmend öffentliche Unternehmungen privatisiert werden.

- Viele öffentliche Unternehmen arbeiten unrentabel und benötigen erhebliche Zuschüsse.
- Private Unternehmen sollen kostengünstiger anbieten.
- Der Staat erzielt Einnahmen durch den Verkauf und spart künftige Zuschüsse.

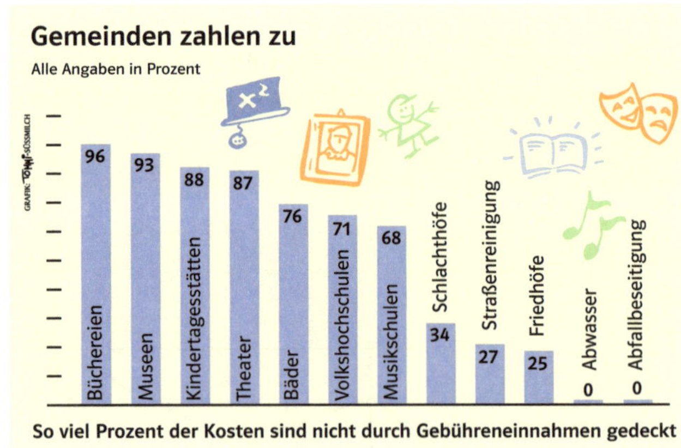

Harmonisierung in der EU

2. Ergänzen Sie mit Hilfe des Schaubildes den Text über eines der dringlichsten Probleme der europäischen Einigung.

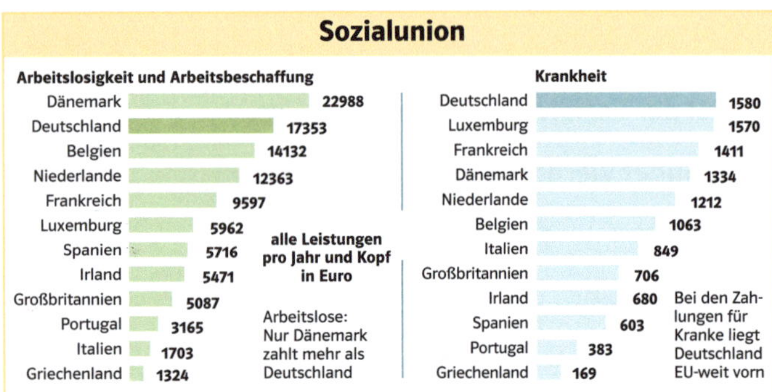

Wenige EU-Länder haben so ___hohe___ Löhne und Sozialstandards wie Deutschland. Werden diese Unterschiede nicht angeglichen, besteht die Gefahr, dass ___Arbeitnehmer___ z. B. nach Deutschland abwandern. Umgekehrt könnten ___Unternehmen___ ihre Produktion in Länder mit niedrigem Standard verlagern. Große Probleme für die gesamte EU und die betroffenen Länder wären die Folge. Um die Wettbewerbsfähigkeit ihrer Industrie nicht zu schmälern, wollen viele EU-Länder, dass die EU sich an ihrem niedrigen Niveau orientiert. Ob eine **Harmonisierung** auf dem ___hohen___ Niveau von Deutschland erfolgt, ist deshalb sehr fraglich.

3. Das nebenstehende Schaubild weist auf ein weiteres Problem der europäischen Einigung hin. Nennen Sie dieses und geben Sie weitere an.

- Zahlreiche Normen und Vorschriften müssen angeglichen werden, z. B. Arbeitsschutz, Gesundheitsvorschriften, Arbeitsrecht, Sozialversicherungen usw.
- Unterschiedliche Mehrwertsteuersätze müssen angeglichen werden.
- Unterschiedliche Ausbildungen und Qualifikationen sind anzuerkennen.

258–260, 266

Datum: ....

Steuern, Gebühren, Beiträge

1. Den Großteil der Staatseinnahmen erbringen die **öffentlichen Abgaben.** Ergänzen Sie das Schaubild.

Öffentliche Abgaben

Verwendung

Finanzierung öffentlicher Aufgaben

z. B.

Aufgaben des Bundes:
- Soziale Sicherung
- Verteidigung

Aufgaben der Länder:
- Bildungswesen
- Polizei und Justiz

Aufgaben der Gemeinden:
- Wasserversorgung
- Krankenhäuser

Beeinflussung des Konsumverhaltens

z. B.
- höhere Mineralölsteuer soll zum Energiesparen anregen
- höhere Tabaksteuer soll vom Rauchen abhalten

Beeinflussung der Konjunktur

z. B.
- Steuererhöhung – zur Nachfragedämpfung
- Steuersenkung – zur Nachfrageerhöhung

Umverteilung von Vermögen

z. B.
- Steuerprogression
- Sparförderung

Arten

Steuern

Einmalige oder laufende Abgaben ohne direkte Gegenleistung

z. B.
- Lohnsteuer
- Mehrwertsteuer

Beiträge

Preise für bestimmte öffentliche Leistungen an die Gemeinschaft

z. B.
- Kanalisation
- Sozialversicherung

Zölle

Abgaben im grenzüberschreitenden Warenverkehr

z. B.
- Einfuhrzölle
- Ausfuhrzölle

Gebühren

Preise für bestimmte öffentliche Leistungen an den einzelnen Bürger

z. B.
- Passgebühr
- Rundfunkgebühr

2. Ergänzen Sie die nachfolgende Übersicht über die **Einteilung der Steuern.**

Einteilung nach der Erhebungsart

direkte Steuern	indirekte Steuern
Der Steuerpflichtige wird unmittelbar besteuert. Er kennt die Steuerhöhe und führt die Steuerschuld auch an das Finanzamt ab.	Die Steuern sind im Endverkaufspreis enthalten. Der Verkäufer führt sie an das Finanzamt ab, der Käufer zahlt sie indirekt.
z. B. Einkommensteuer, Kfz-Steuer, Grundsteuer	z. B. Mehrwertsteuer, Tabaksteuer, Kaffeesteuer

Einteilung nach dem Steuergegenstand

Verbrauchssteuern	Verkehrssteuern	Besitzsteuer
werden auf bestimmte Verbrauchsgüter erhoben.	sind an bestimmte Vorgänge im Wirtschaftsleben gebunden.	beziehen sich auf das Vermögen bzw. das Einkommen.
z. B. Teesteuer, Biersteuer	z. B. Mehrwertsteuer, Grunderwerbsteuer	z. B. Grundsteuer, Einkommensteuer

Einteilung nach dem Steuerempfänger

Bundessteuern	Ländersteuern	Gemeindesteuern	Gemeinschaftssteuern
z. B.: Tabaksteuer, Mineralölsteuer	z. B.: Kfz-Steuer, Biersteuer	z. B.: Grundsteuer, Gewerbesteuer	z. B.: Lohnsteuer, Mehrwertsteuer

3. **Jedes nachfolgende Beispiel weist auf eine besondere Steuer hin. Tragen Sie diese ein und geben Sie an, ob es sich um eine Verkehrssteuer, eine Verbrauchssteuer oder eine Besitzsteuer handelt. Kreuzen Sie außerdem an, ob eine direkte oder eine indirekte Steuer vorliegt.**

Beispiele	Welche Steuer fällt an?	Verbrauchssteuer, Verkehrssteuer oder Besitzsteuer?	direkte Steuer	indirekte Steuer
Herr Bauer erbt das Haus seiner Tante.	Erbschaftsteuer	Besitzsteuer	X	
Karin meldet ihr neues Auto bei der Zulassungsstelle an.	Kfz-Steuer	Verkehrssteuer	X	
Klaus feiert die bestandene Gesellenprüfung mit einer Flasche Sekt.	Schaumweinsteuer	Verbrauchssteuer		X
Hugo Dampf kauft eine neue Packung Zigaretten.	Tabaksteuer	Verbrauchssteuer		X
Familie Müller wohnt in einer Eigentumswohnung.	Grundsteuer	Besitzsteuer	X	

Besteuerung des Einkommens

1. Jeder, der Einnahmen aus den folgenden sieben Einkunftsarten bezieht, ist einkommensteuerpflichtig.

Einkünfte aus	Beispiele
1. Land- und Forstwirtschaft	Gärtner verkauft Gemüse
2. Gewerbebetrieb	Einkünfte eines selbstständigen Fleischers
3. selbstständiger Arbeit	Steuerberater schreibt Rechnung
4. nichtselbstständiger Arbeit	Ausbildungsvergütung
5. Kapitalvermögen	Zinsen
6. Vermietung und Verpachtung	Mieter überweist fällige Miete
7. sonstige Einkünfte	Frau Berger erhält Altersrente

Ordnen Sie die folgenden Einkünfte der entsprechenden obenstehenden Einkunftsart zu:
Mieter überweist fällige Miete, Ausbildungsvergütung, Einkünfte eines selbstständigen Fleischers, Zinsen, Steuerberater schreibt Rechnung, Frau Berger erhält Altersrente, Gärtner verkauft Gemüse

2. Eine besondere Form der Einkommensteuer ist die Lohnsteuer. Sie ist die wichtigste Einnahmequelle des Staates. Wie wird die Lohnsteuer erhoben?

Der Arbeitgeber behält sie vom Lohn des Arbeitnehmers ein und führt sie an das Finanzamt ab.

3. Wie wird die Einkommensteuer entrichtet?

Der Steuerpflichtige muss beim Finanzamt für das abgelaufene Jahr eine Einkommensteuererklärung abgeben. Anhand dieser wird die Steuerschuld ermittelt und ein Steuerbescheid erlassen.

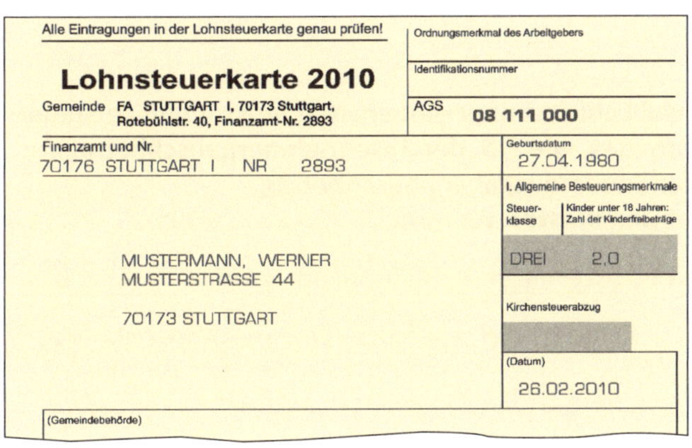
Alle Eintragungen in der Lohnsteuerkarte genau prüfen!

Lohnsteuerkarte 2010

Gemeinde FA STUTTGART I, 70173 Stuttgart, Rotebühlstr. 40, Finanzamt-Nr. 2893

Ordnungsmerkmal des Arbeitgebers

Identifikationsnummer

AGS 08 111 000

Finanzamt und Nr.
70176 STUTTGART I NR 2893

Geburtsdatum 27.04.1980

I. Allgemeine Besteuerungsmerkmale

Steuerklasse	Kinder unter 18 Jahren: Zahl der Kinderfreibeträge
DREI	2,0

MUSTERMANN, WERNER
MUSTERSTRASSE 44

70173 STUTTGART

Kirchensteuerabzug

(Datum) 26.02.2010

(Gemeindebehörde)

4. a) Welche wichtigen Angaben entnimmt der Arbeitgeber der Lohnsteuerkarte? (Ab 2013: ersetzt durch „elektronische Lohnsteuerkarte".)

- Steuerklasse
- Zahl der Kinderfreibeträge
- Freibeträge
- Konfession

b) Am Jahresende sowie beim Ausscheiden aus dem Betrieb stellt der Arbeitgeber eine Lohnsteuerbescheinigung aus. Welche Angaben enthält diese?

Den gezahlten Arbeitslohn und die einbehaltenen Abzüge.

4. Die Grundlage für die Besteuerung sind die **Steuerklassen.** Man unterscheidet die Steuerklassen I bis VI. Durch die Einteilung sollen persönliche Verhältnisse wie Familienstand, Kinderzahl usw. berücksichtigt werden. In den einzelnen Steuerklassen ist die Steuer deshalb unterschiedlich hoch. Tragen Sie bei den folgenden Beispielen die entsprechende Steuerklasse ein.

Beispiel	Steuerklasse
Herr Müller ist verheiratet, seine Frau ist nicht berufstätig.	Klasse III
Frau Baumann ist alleinstehend.	Klasse I
Frau Gruber ist ledig und hat eine 6-jährige Tochter mit der sie allein lebt.	Klasse II
Manuela und Martin sind frisch verheiratet. Manuela verdient 1600 €, Martin 1400 €.	beide Klasse IV
Herr Bauer verdient 2000 €, seine Frau arbeitet halbtags und bekommt 800 €.	Klasse III und V

5. Der Steuersatz steigt mit zunehmendem Einkommen. Tragen Sie in das Schaubild die **Zonen** des **Einkommensteuertarifs** ein und geben Sie den zugehörigen Steuersatz an.

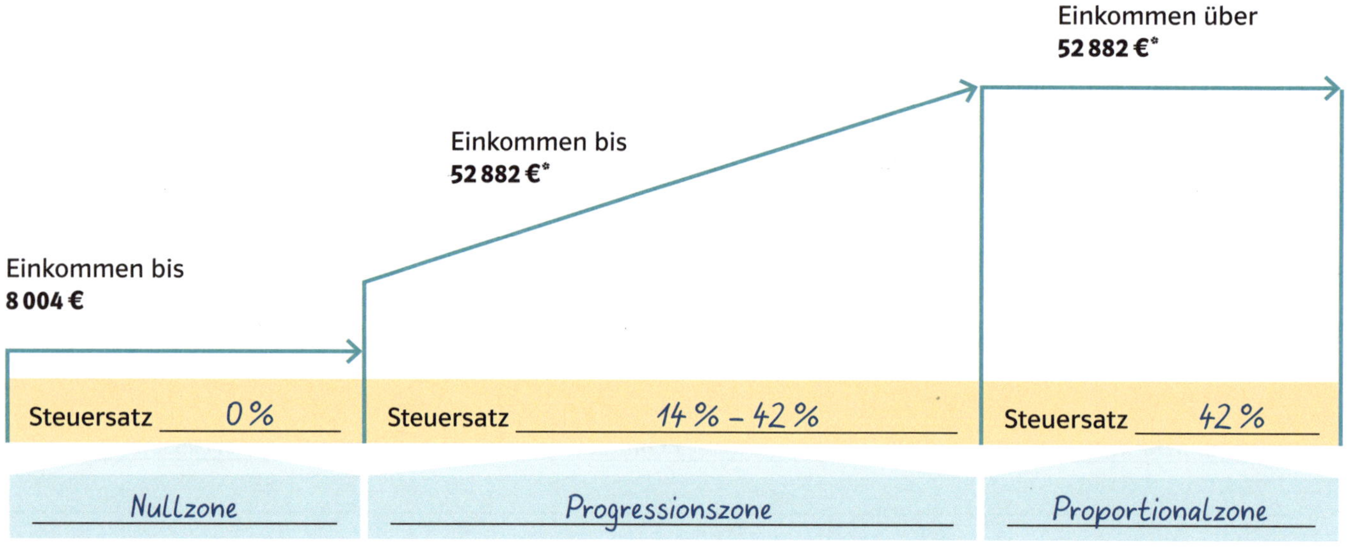

* Die genannten Beträge gelten für Ledige. Für zusammen veranlagte Ehegatten gelten die doppelten Beträge. Stand 2012

6. Anhand der Lohnsteuerkarte ermittelt der Arbeitgeber, wie viel Lohnsteuer er einbehalten muss. In diese Steuertabelle sind bereits verschiedene steuerfreie Beträge eingearbeitet, wie z. B. der Arbeitnehmerpauschbetrag (er enthält die Werbungskosten), die Vorsorgepauschale oder der Sonderausgabenpauschbetrag.
Erläutern Sie in diesem Zusammenhang, was man unter **Werbungskosten** versteht.

Werbungskosten sind Aufwendungen, die durch das Arbeitsverhältnis verursacht werden, wie z. B. Fahrtkosten, Arbeitskleidung usw. Für jeden Steuerpflichtigen wird ein Arbeitnehmerpauschbetrag von 1000 € (Stand 01.01.12) automatisch berücksichtigt. Höhere Werbungskosten können in der Einkommensteuererklärung geltend gemacht werden. Sie müssen durch Belege nachgewiesen werden.

Grundzüge der Einkommensteuererklärung

Uwe Schmitt hatte im vergangenen Jahr ein zu versteuerndes Jahreseinkommen von rund 30 000,00 €. Anhand seiner Unterlagen stellt er fest, dass er im abgelaufenen Jahr folgende Ausgaben hatte:

- Arbeitskleidung 105,20 €
- Fachbücher 40,60 €
- Spende an die Welthungerhilfe 400,00 €
- Gewerkschaftsbeiträge 350,00 €
- Kosten für ein Fortbildungsseminar 240,00 €
- Fahrten zum Arbeitsplatz an 222 Tagen (Entfernung 17 km, Entfernungspauschale: 0,30 €)

1. Ermitteln Sie anhand der nachfolgenden Aufstellung Uwes anrechenbare **Werbungskosten** und **Sonderausgaben.**

Ermittlung der anrechenbaren Werbungskosten	
Fahrtkosten: 17 km x 222 Tage x 0,30 € =	1 132,20 €
+ Arbeitskleidung	105,20 €
+ Fachbücher	40,60 €
+ Gewerkschaftsbeiträge	350,00 €
+ Fortbildung	240,00 €
= entstandene Werbungskosten	1 868,00 €
− Arbeitnehmerpauschbetrag	1 000,00 €
= **anrechenbare Werbungskosten**	868,00 €

Ermittlung der anrechenbaren Sonderausgaben	
bezahlte Kirchensteuer (laut Lohnsteuerbescheinigung)	330,48 €
+ Spende Welthungerhilfe	400,00 €
= entstandene Sonderausgaben	730,48 €
− Sonderausgabenpauschbetrag	36,00 €
= **anrechenbare Sonderausgaben**	694,48 €

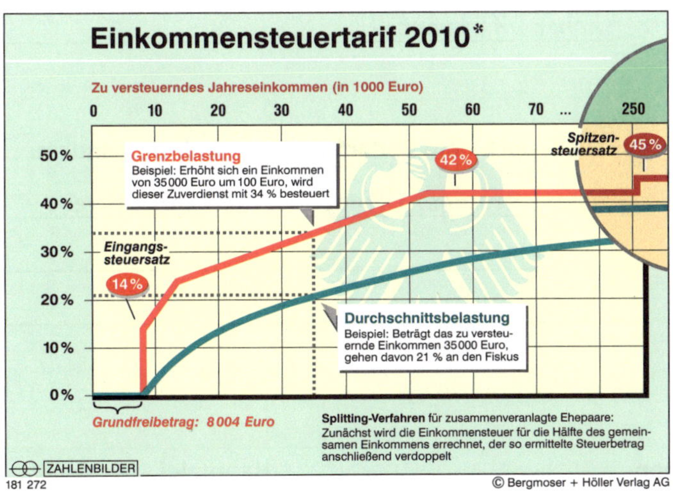

*gilt 2012 unverändert

2. **In einer Illustrierten hat Uwe die nebenstehende Abbildung entdeckt. Berechnen Sie anhand des Schaubildes, wie viel Euro Uwe vom Finanzamt durch seine Steuererklärung zurückerhält.**

Werbungskosten	868,00 €
+ Sonderausgaben	694,48 €
Summe	1 562,48 €
→ Rückzahlungsbetrag =	
32 % von 1 562,48 € =	499,99 €

3. **Neben höheren Sonderausgaben und höheren Werbungskosten gibt es noch andere Gründe, bei denen es sich lohnt, eine „freiwillige Einkommensteuererklärung" durchzuführen. Nennen Sie mindestens drei solcher Gründe.**

außergewöhnliche Belastungen, andere Steuerklasse (z. B. durch Heirat), Änderung der Kinderfreibeträge durch Geburt eines Kindes, nicht das ganze Jahr wurde gearbeitet, unterschiedlich hoher Arbeitslohn (z. B. durch Arbeitslosigkeit oder Berufsausbildung), eine Arbeitnehmersparzulage wird beantragt

Ziele erwerbswirtschaftlicher und öffentlicher Unternehmen

1. Ergänzen Sie das Schaubild:

Unternehmen

öffentliche Unternehmen

Sie gehören dem Bund, den Ländern oder den Gemeinden.

Hauptziel:

Bedarfsdeckung

Weitere Ziele:

- angemessener Gewinn
- Verlustminimierung
- Kostendeckung

erwerbswirtschaftliche Unternehmen

Sie versuchen durch ihre Tätigkeit einen Gewinn zu erzielen.

Hauptziel:

Gewinnmaximierung

Weitere Ziele:

- Produktivität und Rentabilität
- hohe Qualität der Leistungen
- Arbeitsplatzsicherheit
- gutes Firmenimage
- hoher Marktanteil

2. Zeigen Sie an einem Beispiel, dass öffentliche Unternehmen vor allem nach dem Bedarfsdeckungsprinzip handeln.

Abgelegene Siedlungen werden zum gleichen Preis mit Wasser versorgt. Öffentliche Verkehrsbetriebe bedienen auch unrentable Nebenstrecken.

3. Kreuzen Sie an.

Beispiel	Unternehmen		Hauptziel	
	erwerbswirtschaftliches	öffentliches	Bedarfsdeckung	maximaler Gewinn
Warenhaus	X			X
Städtische Wasserwerke		X	X	
Kreiskrankenhaus		X	X	
Konservenfabrik	X			X
Städtische Verkehrsbetriebe		X	X	
Boutique	X			X

273–274

Datum: ....

Genossenschaften

Friedrich Wilhelm Raiffeisen

1. **In der Mitte des vorigen Jahrhunderts wurden in Deutschland die ersten Genossenschaften gegründet. Welche besondere Zielsetzung unterscheidet eine Genossenschaft von den anderen Unternehmungsformen?**

Das Ziel einer Genossenschaft ist nicht ein möglichst hoher Gewinn, sondern sie will für ihre Mitglieder wirtschaftliche Vorteile schaffen. Sie ist eine Selbsthilfeeinrichtung wirtschaftlich Schwacher.

2. **Entsprechend den Aufgaben, welche die Mitglieder gemeinsam bewältigen wollen, unterscheidet man verschiedene Arten von Genossenschaften. Tragen Sie in der Übersicht die jeweilige Genossenschaftsart ein.**

Art der Genossenschaft	Ziel
Kreditgenossenschaft	Volksbanken und Raiffeisenbanken sollen ihren Mitgliedern günstige Kredite und preiswerte Bankgeschäfte anbieten.
Produktionsgenossenschaft	Verarbeitung der von den Mitgliedern erzeugten Produkte z. B. durch Molkereien oder Winzergenossenschaften.
Absatzgenossenschaft	Gemeinsamer Verkauf der von den Mitgliedern (z. B. Obsterzeuger) hergestellten Erzeugnisse.
Einkaufsgenossenschaft	Die Mitglieder (z. B. Bäcker, Schreiner) wollen Rohstoffe, Waren, Werkzeuge usw. durch Großeinkauf preisgünstiger beziehen.

3. **Ergänzen Sie die Übersicht über die Merkmale der Genossenschaft.**

Die Genossenschaft (eG)

Die **Mindestzahl** der Mitglieder beträgt:	Die **Beteiligung** heißt:	Die **Mitglieder** nennt man:	Die **Haftung** ist i. d. R. beschränkt auf:
3 Personen	Geschäftsanteil	Genossen	den Geschäftsanteil

4. **Ordnen Sie den Organen der Genossenschaft folgende Aussagen zu:** *jeder Genosse hat eine Stimme, leitendes Organ, kontrollierendes Organ, wählt Vorstand, Wahl durch Generalversammlung, beschließendes Organ.*

Generalversammlung	Vorstand	Aufsichtsrat
• jeder Genosse hat eine Stimme • wählt Vorstand • beschließendes Organ	• leitendes Organ	• kontrollierendes Organ • Wahl durch Generalversammlung

Betrieb und Unternehmung

1. In der Umgangssprache werden die Begriffe „Betrieb" und „Unternehmung" sehr oft so gebraucht, als hätten sie die gleiche Bedeutung. Dennoch bestehen erhebliche Unterschiede. Ergänzen Sie das Schaubild mit diesen Begriffen; und tragen Sie die jeweiligen Aufgaben ein.

Betrieb = ← **Produktionsstätte** + **Rechtsform** + **Kapital** = Unternehmung

Aufgaben: (Betrieb)
Bereitstellung von Sachgütern und Dienstleistungen

Aufgaben: (Unternehmung)
Gewinnerzielung, Schaffung der Produktionsvoraussetzungen

2. Weshalb spricht man in Staaten mit Zentralverwaltungswirtschaft (Planwirtschaft) nur von Betrieben und nicht von Unternehmungen?

Diese Betriebe können keine eigenen Entscheidungen treffen. Preise, Produktionsmengen usw. werden von zentralen Planbehörden festgesetzt.

3. Vervollständigen Sie den Lückentext, indem Sie folgende Begriffe sinnvoll verwenden: *Produktion (1x), Entscheidungen, Unternehmungen (3x), Betrieb (2x), Gütern, Betriebe (2x), Dienstleistungen*

Die Unternehmung ist dem Betrieb übergeordnet. Jede Unternehmung ist ein Betrieb, aber nicht jeder Betrieb ist eine Unternehmung. Eine Unternehmung kann mehrere Betriebe haben, z. B. die Unternehmung Daimler AG mit Sitz in Stuttgart besitzt Betriebe (Produktionsstätten) in Stuttgart, Sindelfingen, Rastatt usw. Betriebe gibt es in allen Wirtschaftssystemen, die Unternehmung aber nur in marktwirtschaftlichen. Jeder Betrieb ist die Stätte der Produktion von Gütern und Dienstleistungen. Im Gegensatz zu Betrieben können in Unternehmungen selbstständige Entscheidungen getroffen werden.

Betriebsarten

1. Teilen Sie die Betriebe entsprechend ihrer Größe ein.

bis 20 Beschäftigte
Kleinstbetrieb →

20 – 100 Beschäftigte
Kleinbetrieb →

100 – 1000 Beschäftigte
Mittelbetrieb →

über 1000 Beschäftigte
Großbetrieb

Datum: ....

2. **Man unterscheidet Produktionsbetriebe, Dienstleistungsbetriebe und Handelsbetriebe. Kreuzen Sie an.**

	Produktionsbetrieb		Dienstleistungs-betrieb	Handels-betrieb
	Urproduktions-betrieb	Verarbeitungs-betrieb		
Kleiderfabrik		X		
Fluggesellschaft			X	
Lebensmittelgeschäft				X
Hühnerfarm	X			
Krankenversicherung			X	
Schuhgeschäft				X
Brotfabrik		X		
Kiesgrube	X			
chemische Reinigung			X	
Schreibwarengeschäft				X
Autofabrik		X		
Schreinerei		X		

3. **Vergleichen Sie den Handwerksbetrieb mit dem Industriebetrieb nach den angegebenen Merkmalen.**

Handwerksbetrieb		Industriebetrieb
vorwiegend Kleinst- bis Kleinbetriebe	← Betriebsgröße →	hauptsächlich Mittel- bis Großbetriebe
vorwiegend ausgebildete Fachkräfte (Gesellen, Meister)	← beschäftigte Arbeitnehmer →	Angelernte, Facharbeiter, Techniker, Ingenieure
Endverbraucher	← Abnehmer →	Handel
überwiegend Einzelfertigung	← Fertigungsarten →	hauptsächlich Serien- und Massenfertigung
Produktion, Reparatur und andere Dienstleistungen	← Leistungen →	Produktion
Handwerkskammer	← Pflicht-mitgliedschaft →	Industrie- und Handelskammer (IHK)

Aufgaben des Betriebes

1. Als kleinste Einheit der Wirtschaft ist jeder Betrieb in ein Netz von Beziehungen eingeordnet. Ergänzen Sie das Schaubild.

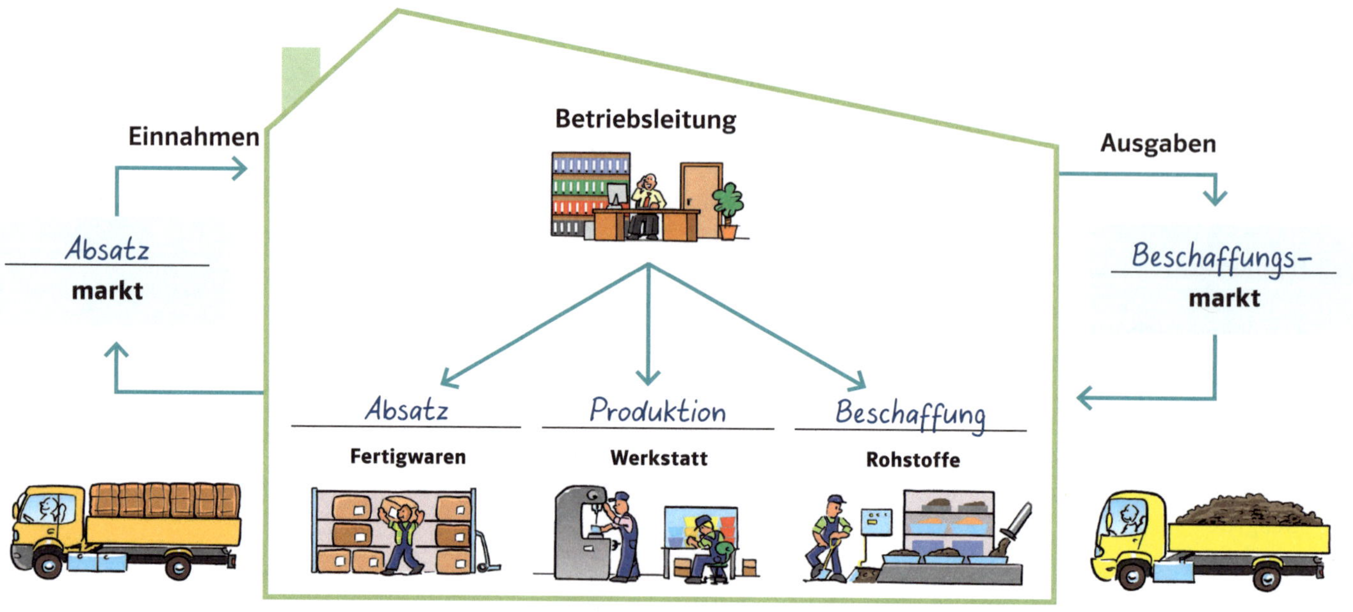

z. B. Elektrogeräte, Bücher, Autos

z. B. Arbeitskräfte, Maschinen, Rohstoffe

2. Ordnen Sie die einzelnen Vorgänge der jeweiligen betrieblichen Aufgabe zu.

Vorgänge	Beschaffung	Produktion	Absatz
Rohstoffe werden bestellt.	X		
Ein Facharbeiter wird eingestellt.	X		
Belieferung eines Kunden mit Waren			X
Ein Bankkredit wird aufgenommen.	X		
Ein Fertigungsautomat wird neu programmiert.		X	
Werbeanzeigen in Tageszeitungen werden aufgegeben.			X
Ein Facharbeiter montiert Teile zusammen.		X	
Ein Bandmeister prüft die Qualität der Erzeugnisse.		X	
Die Stromrechnung wird bezahlt.	X		
Ein Marktforschungsinstitut wird beauftragt.			X

Datum: ....

Produktionsfaktoren

1. Ergänzen Sie die Übersicht über die **betriebswirtschaftlichen Produktionsfaktoren.**

Betriebswirtschaftliche Produktionsfaktoren

Betriebsmittel	Werkstoffe	ausführende Arbeit
• Gebäude • Maschinen • Werkzeuge • Betriebsausstattung	• Rohstoffe • Hilfsstoffe • Betriebsstoffe • bezogene Fertigteile	• körperliche • geistige • gelernte • ungelernte

2. Weshalb wird die **leitende Arbeit (Management)** als eigener Produktionsfaktor betrachtet?

Von ihm hängt es ab, ob die Produktionsfaktoren am sinnvollsten kombiniert werden, d.h. ob die wirtschaftlichste Kombination gewählt wird.

3. Die Wohnland AG ist eine größere Möbelfabrik. Ordnen Sie die folgenden Beispiele aus dem Bereich der Wohnland AG den entsprechenden betriebswirtschaftlichen Produktionsfaktoren zu.

	Betriebsmittel	Werkstoffe				Arbeit
		Rohstoffe	Hilfsstoffe	Betriebsstoffe	bezogene Fertigteile	
Lack			X			
Kreissäge	X					
Strom für Maschinen				X		
Produktionshalle	X					
Holzbretter		X				
Elektrohobel	X					
Türscharniere					X	
Holzleim			X			
Schreinergeselle						X
Schmieröl für Maschinen				X		
Betriebshelfer						X
Spanplatten		X				
Barfachbeleuchtung					X	

4. Welche Aussage über die **Substitution der Produktionsfaktoren** (Austauschbarkeit) stimmt? Kreuzen Sie an.

☐ Der Anteil der einzelnen Produktionsfaktoren am Produktionsprozess kann nicht verändert werden.

☒ Die Kosten der einzelnen Produktionsfaktoren ändern sich ständig, z. B. weil Löhne oder Maschinenpreise steigen. Deshalb müssen die Anteile der einzelnen Produktionsfaktoren laufend dieser Entwicklung angepasst werden. Dies führt z. B. dazu, dass ein Fließbandarbeiter durch einen kostengünstigeren Fertigungsroboter ersetzt wird.

1. Die Aufbauorganisation regelt die Zuständigkeiten im Betrieb. Einzelne Abteilungen und Stellen werden festgelegt, denen bestimmte Aufgabenbereiche zugeordnet sind, die sie bearbeiten sollen. Ergänzen Sie die Übersicht über die zwei **Grundformen der Aufbauorganisation.**

Aufbauorganisation

Liniensystem

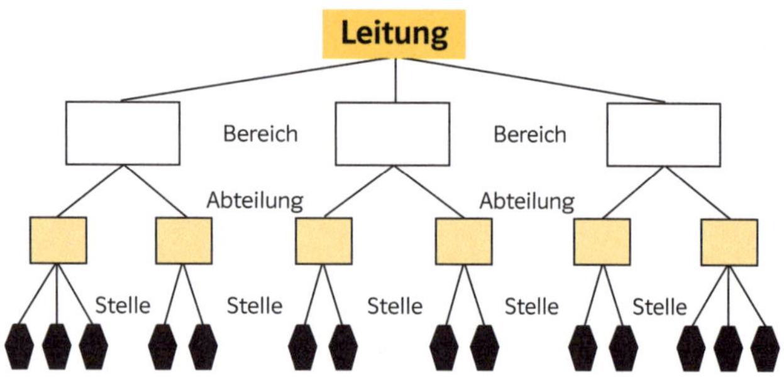

Jeder Stelleninhaber *ist jeweils nur einer übergeordneten Instanz verantwortlich.*

Funktionensystem

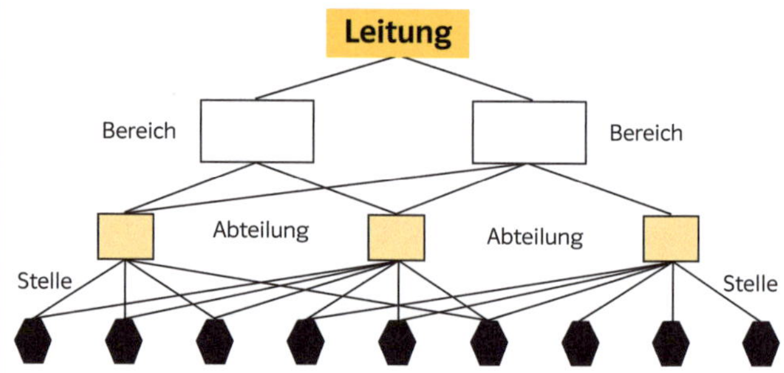

Jeder einzelne Beschäftigte *erhält Anweisungen von mehreren übergeordneten Instanzen.*

2. Zeigen Sie am Beispiel eines Lagerarbeiters, wie beim Funktionensystem verschiedene übergeordnete Instanzen Anweisungen erteilen können.

- *Vom Lagerleiter wird er beauftragt, Ware einzuräumen.*
- *Für die Verkaufsabteilung soll er Ware versandfertig machen.*
- *Für die Buchhaltung soll er den Bestand einer Ware ermitteln.*

3. Ordnen Sie dem Liniensystem (L) und dem Funktionensystem (F) den jeweils zutreffenden Vorteil bzw. Nachteil zu, indem Sie den richtigen Buchstaben eintragen.

L	Einfacher und problemloser Überblick über den Weisungsweg mit klaren Zuständigkeiten, da der Entscheidungsbereich klar festgelegt ist.
F	Durch die kurzen Wege kann rascher entschieden werden; der lange Instanzenweg wird umgangen.
L	Der starre Instanzenweg kann zu verlangsamten Entscheidungsprozessen führen, vor allem dann, wenn auf der Firmenleitung zuviel Verantwortung und Arbeit lastet.
F	Bei der Kompetenzabgrenzung können Unklarheiten zu Meinungsverschiedenheiten der einzelnen Instanzen führen. Die ausführenden Stellen können dadurch verunsichert werden. Beispiel: Ein Arbeitnehmer erhält von verschiedenen Abteilungen entgegengesetzte Anweisungen. Er weiß dann nicht, welche er zu befolgen hat.

4. Welche Ziele verfolgt die **Ablauforganisation?**

Sie soll die Arbeitsabläufe so rationell wie möglich gestalten, d.h.

- *Anlagen und Arbeitskräfte gleichmäßig auslasten*
- *Produktions- und Durchlaufzeiten verkürzen.*

Gründungshilfen und Anmeldung

1. Armin Wolf will sich selbstständig machen und ein eigenes Fleischergeschäft eröffnen. Welche **Voraussetzungen** muss er hierzu erfüllen?

   Eintrag in die Handwerksrolle → Voraussetzung
   Meisterprüfung bzw. 6 Jahre Berufspraxis

2. Grundlage jeder erfolgreichen Existenzgründung ist die richtige Beratung. Zwar bieten berufsständische Organisationen wie Handwerkskammern und Innungen kostenlose Beratungen, in den meisten Fällen jedoch sind weitergehende Beratungen erforderlich. Ergänzen Sie die Übersicht.

Beratung bieten:	Beratungsbereiche:
Kreditinstitute	→ bei Finanzierungsfragen
Steuerberater	→ bei Steuerfragen, Buchhaltung
Unternehmensberater	→ bei Marktanalysen, Unternehmensplanung, Finanzierungsfragen
Rechtsanwälte, Notare	→ beim Erstellen von Verträgen

3. Um die Existenzgründung zu erleichtern, gibt es öffentliche Förderprogramme wie **Eigenkapitalhilfe-Darlehen** und **Existenzhilfe-Darlehen.** Welche Vorteile bieten diese Darlehen für einen Existenzgründer?

   z. B. tilgungsfreie Jahre, Zinsfreiheit, Verzicht auf Sicherheiten usw.

4. Wo muss das neu gegründete Unternehmen u. a. angemeldet werden?

§ Meldepflicht §

- → Handwerks-kammer
- → Gewerbe-amt
- → Berufs-genossenschaft
- → Finanz-amt
- → Kranken-kasse
- → Argentur für Arbeit

Standort

5. Welche Faktoren beeinflussen die Wahl des Standortes? Vervollständigen Sie die Übersicht.

Die **Standortwahl** ist ein Kompromiss

- ← Konkurrenz
- ← Kundennähe
- ← Verkehrsanbindung
- ← Kosten
- ← behördliche Auflagen
- ← Arbeitskräfte

6. Von entscheidender Bedeutung für die Zukunft eines Unternehmens ist die Wahl des richtigen Standortes. Nach intensiver Suche hat Armin Wolf zwei mögliche Standorte gefunden. Um die richtige Entscheidung zu treffen, hat er sich den nachfolgenden Bewertungsbogen besorgt. Ermitteln Sie mit dessen Hilfe den optimalen Standort.

Standort 1
ist 15 km von Stuttgart entfernt und hat ca. 13 000 Einwohner. Im Ort gibt es bereits 6 Fleischereien sowie drei große Supermärkte, die über das gesamte Stadtgebiet verteilt sind. Die Bevölkerungszahl geht seit einigen Jahren etwas zurück, da die Gemeinde in der Einflugschneise des Stuttgarter Flughafens liegt. Die Räume befinden sich in der neu gestalteten Fußgängerzone im Stadtkern. Ein öffentlicher Parkplatz ist ca. 200 m entfernt. Die Pacht beträgt 1625 € monatlich, die Gewerbesteuer ist erheblich niedriger als bei den anderen Standorten. Es bestehen baurechtliche und umweltbedingte Einschränkungen, d. h. Betriebserweiterungen sind nur eingeschränkt möglich.

Standort 2
ist 25 km von Stuttgart entfernt und hat ca. 9 000 Einwohner. Im Ort gibt es bereits 3 Fleischereien sowie einen mittleren Supermarkt. Wegen der neuen S-Bahnverbindung nach Stuttgart ist eine stetige Bevölkerungszunahme zu erwarten. Derzeit entsteht gerade ein neues Wohngebiet für rund 1 200 Menschen. Die Geschäftsräume befinden sich in zentraler Lage, jedoch in einer ruhigen Nebenstraße, in der problemlos geparkt werden kann. Die Pacht beträgt 2 160 €, die Gewerbesteuer ist erheblich höher als bei den anderen Standorten. Es bestehen keine baurechtlichen und umweltbedingten Einschränkungen, d. h. Betriebserweiterungen sind möglich.

Standortfaktoren		mögliche Höchstwerte	Standort 1	Standort 2
Kundennähe:	Gibt es genügend Kundschaft mit entsprechender Kaufkraft?	16	12	15
Konkurrenz:	Wie viele Konkurrenten gibt es? Wie leistungsfähig und attraktiv sind sie?	10	4	8
Kosten:	Wie hoch sind die Mieten, Steuern und Energiekosten?	17	15	8
Verkehrsanbindung:	Können Kunden und Lieferanten den Standort problemlos erreichen? Sind genügend Parkplätze vorhanden?	10	10	10
Arbeitskräfte:	Können vor Ort geeignete Mitarbeiter eingestellt werden? Wie ist das Lohnniveau?	2	2	2
Behördliche Auflagen:	Bestehen Umwelt- und Bauvorschriften?	5	2	5
Gesamtpunktzahl		60	45	48

optimaler Standort: Standort 2

Franchising

7. **Ein Freund rät Armin Wolf doch ein Franchiseunternehmen zu gründen, da dies viel einfacher sei. Erläutern Sie, was man unter Franchising versteht.**

Ein Franchisegeber räumt einem Franchisenehmer das Recht ein, seine Waren und Dienstleistungen zu verkaufen.

8. **Welche Vorteile bietet der Franchisegeber einem Existenzgründer?**

- Markenname bzw. Know-how
- Gebietsschutz
- Ausbildung u. Fortbildung, Beratung
- führt Markttests durch
- übernimmt Werbung

1. **Ergänzen Sie die Übersicht.**

Organisationen des Handwerks

Handwerkskammer

Mitglieder sind alle selbstständigen Handwerker, deren Gesellen und Auszubildende.

Die Mitgliedschaft ist Pflicht

Innung

Mitglieder sind selbstständige Handwerker des gleichen Handwerks.

Die Mitgliedschaft ist freiwillig

Kreishandwerkerschaft

Mitglieder sind alle Innungen eines Kreises.

Die Mitgliedschaft ist Pflicht

2. **Kreuzen Sie an, ob die folgenden Aufgaben von der Handwerkskammer oder einer Innung wahrgenommen werden.**

Aufgaben	Handwerks-kammer	Innung
a) Führen der Lehrlingsrolle (Verzeichnis d. Berufsausbildungsverhältnisse)	X	
b) Abnahme der Gesellenprüfungen, sofern die Handwerkskammer dazu ermächtigt hat		X
c) Einrichtung von Schiedsstellen, um Streitigkeiten zwischen Handwerkern und deren Kunden beizulegen	X	
d) Regelung und Überwachung des handwerklichen Ausbildungswesens	X	
e) Führen der Handwerksrolle (Verzeichnis aller selbstständigen Handwerker)	X	
f) Beratung der Mitglieder in rechtlichen, betriebswirtschaftlichen und technischen Fragen	X	
g) Abschluss von Tarifverträgen, sofern nicht übergeordnete Verbände zuständig sind		X
h) Durchführung von Weiterbildungsmaßnahmen		X
i) Regelung und Überwachung der Gesellen- und Meisterprüfung	X	

3. **Ergänzen Sie den Lückentext um folgende Begriffe:** *Bezirkes, Landesinnungsverband, Innungen, Zentralverband, Handwerkskammertag, Bundesinnungsverband, Fachverbände.*

Selbstständige Handwerker des gleichen Handwerks schließen sich freiwillig zusammen in Innungen, um innerhalb eines Bezirkes gemeinsame Interessen zu fördern. Die fachlichen Interessen auf Landesebende vertritt der Landesinnungsverband, auf Bundesebene übernimmt diese Aufgabe der Bundesinnungsverband (Zentralfachverband). Alle deutschen Handwerkskammern sind zusammengeschlossen im Deutschen Handwerkskammertag. Das höchste Organ des Handwerks in Deutschland ist der Zentralverband des Deutschen Handwerks. Er wird gebildet aus dem Zusammenschluss des Deutschen Handwerkskammertages und der Bundesvereinigung der Fachverbände.

1. Sie erinnern sich: Armin Wolf will sich nach bestandener Meisterprüfung selbstständig machen. In diesem Zusammenhang überlegt er, welche Unternehmensformen es gibt. Setzen Sie folgende Begriffe sinnvoll in das Schaubild ein: *Personengesellschaften, Einzelunternehmung, Unternehmungsformen, Genossenschaften, Offene Handelsgesellschaft, Aktiengesellschaft, Kommanditgesellschaft, Gesellschaft mit beschränkter Haftung, Gesellschaftsunternehmungen, Gesellschaft des bürgerlichen Rechts.*

Unternehmensformen

- Einzelunternehmung
- Gesellschaftsunternehmungen
  - Personengesellschaften
    - Kommanditgesellschaft
    - Offene Handelsgesellschaft
    - Gesellschaft des bürgerlichen Rechts
  - **Kapitalgesellschaften**
    - Aktiengesellschaft
    - Gesellschaft mit beschränkter Haftung
  - Genossenschaften

2. Ergänzen Sie die Übersicht durch folgende Begriffe: *Gewinn, haftet, Steuern, Kapital, Geschäftsführung, gehaftet, Kreditwürdigkeit*

Die **Rechtsform** hat Einfluss darauf,

- wer berechtigt ist zur Geschäftsführung
- welche Steuern zu zahlen sind.
- wer für die Schulden des Unternehmens haftet
- wie groß die Kreditwürdigkeit ist.
- in welchem Umfang für die Schulden gehaftet wird.
- wer das Kapital aufbringt.
- wem der erzielte Gewinn zusteht.

3. Wie werden die folgenden Unternehmungsformen abgekürzt?

Offene Handelsgesellschaft	Kommanditgesellschaft	Aktiengesellschaft	Gesellschaft mit beschränkter Haftung	eingetragene Genossenschaft	Gesellschaft des bürgerlichen Rechts
↓	↓	↓	↓	↓	↓
OHG	KG	AG	GmbH	eG	GbR

Einzelunternehmung

4. Armin Wolf hat sich über die Einzelunternehmung informiert. Ergänzen Sie die Übersicht über deren Merkmale.

Einzelunternehmung

Geschäftsführung und Vertretung

der Einzelunternehmer allein

Haftung

mit Geschäfts- u. Privatvermögen

Firmenname

mind. Vorname und Zuname, evtl. Zusatz

Gewinn

der Einzelunternehmer allein

5. Zählen Sie in Stichworten die Vorteile und Nachteile dieser Unternehmensform auf.

Vorteile der Einzelunternehmung	Nachteile der Einzelunternehmung
• alleiniger Gewinnanspruch	• Haftung mit Geschäfts- und Privatvermögen
• alleinige Entscheidungsmöglichkeit	• begrenzte Kapitalkraft
• schnelle Entscheidungsmöglichkeit	• Nachfolge des Jnhabers kann Probleme bereiten

6. Welche Gründe könnten einen Einzelunternehmer veranlassen, sein Unternehmen in ein Gesellschaftsunternehmen umzuwandeln?

• Verteilung der Arbeitsbelastung
• Beteiligung von Fachkräften
• Kapitalbeschaffung
• persönliche Gründe wie Alter, Erbfall usw.

Gesellschaft des bürgerlichen Rechts (GbR)

7. Armin Wolf hat sich endgültig entschieden, sein Unternehmen zusammen mit Martina Bayer zu gründen. Ergänzen Sie die Übersicht über die **Merkmale der Gesellschaft des bürgerlichen Rechts.**

Gesellschaft des bürgerlichen Rechts

Geschäftsführung und Vertretung

erfolgen gemeinsam.

Haftung

mit Geschäfts- u. Privatvermögen

Firmenname

Vornamen und Zunamen aller Gesellschafter

Gewinn

gleiche Anteile an Gewinn und Verlust

8. In einer Fachzeitung stößt Martina Bayer auf die Anzeige eines Kollegen, der sich zur Ruhe setzen und seinen Betrieb auflösen möchte. Martina reagiert sofort und kauft sämtliche Maschinen für die GbR. Bindet der von Martina Bayer geschlossene Kaufvertrag auch ihren Mitgesellschafter Armin Wolf?

Sofern vertraglich nichts anderes vereinbart wurde, erfolgt die Geschäftsführung und Vertretung immer gemeinsam, d.h. Armin Wolf ist nicht an den Vertrag gebunden.

Offene Handelsgesellschaft (OHG)

9. Die Firma von Armin Wolf und Martina Bayer kommt sehr gut bei den Kunden an. Der Umsatz steigt, die Belegschaft nimmt zu. Martina und Armin wollen ihre Firma deshalb ins Handelsregister eintragen lassen. Da dies bei einer GbR nicht möglich ist, haben sie sich für eine OHG entschlossen. Ergänzen Sie die Übersicht über die **Merkmale der OHG.**

Offene Handelsgesellschaft (OHG)

Geschäftsführung und Vertretung

Jeder Gesellschafter ist dazu allein berechtigt

Haftung

Alle Gesellschafter haften: unbeschränkt, solidarisch, und unmittelbar.

Firmenname

enthält die Bezeichnung Offene Handelsgesellschaft oder Abkürzung, z.B. Wolf OHG

Gewinn

4 % auf die Kapitaleinlage, der Rest wird nach Köpfen verteilt.

Kommanditgesellschaft (KG)

10. Die **Offene Handelsgesellschaft (OHG)** und die **Kommanditgesellschaft (KG)** sind sich sehr ähnlich. Der Hauptunterschied besteht darin, dass es bei der KG zwei verschiedene Arten von Gesellschaftern gibt: den Kommanditisten und den Komplementär. Ergänzen Sie die Übersicht anhand der vorgegebenen Merkmale.

Gesellschafter der KG

	Kommanditist (= Teil hafter)		**Komplementär** (= Voll hafter)
Haftung	nur mit der Kapitaleinlage		unbeschränkt (= mit Kapitaleinlage und Privatvermögen)
Geschäftsführung und Vertretung	nur Kontrollrecht		Geschäftsführung und Vertretung

Gesellschaft mit beschränkter Haftung (GmbH)

11. Vor einigen Jahren wurde die Fleischerei Wolf & Bayer OHG in eine GmbH umgewandelt.

a) Welche Gründe könnten für die Wahl der GmbH als Rechtsform ausschlaggebend gewesen sein?

• Beschränkung der Haftung

• evtl. steuerliche Vorteile

b) In welcher Form musste der Gesellschaftsvertrag abgeschlossen werden?

Er muss in notarieller Form abgeschlossen werden.

12. Ergänzen Sie die Übersicht über die weiteren **Merkmale der GmbH.**

Die Gesellschaft mit beschränkter Haftung (GmbH)

- Anzahl der **Gründer:** → mindestens 1 Person
- Bezeichnung und Höhe des **Mindestkapitals** der Unternehmung: → Stammkapital mindestens 25 000 €, bei der UG 1 €
- Bezeichnung und Mindesthöhe der **Beteiligung:** → Geschäftsanteile mindestens 1 €
- **Haftung** der Gesellschafter: → nur mit dem Geschäftsvermögen
- **Firmenname:** → enthält den Zusatz „Gesellschaft mit beschränkter Haftung (GmbH)"
- **natürliche** oder **juristische Person?** → juristische Person
- **Geschäftsführung** und **Vertretung** → durch einen oder mehrere Geschäftsführer

Aktiengesellschaft (AG)

13. Mit großem Erfolg produziert die Süddeutsche Fleischwaren AG ihre neueste Erfindung: die Picknick-Dose (siehe Abbildung). Ursprünglich war die Süddeutsche Fleischwaren AG die Fleischerei Wolf & Bayer GmbH. Seit der Produktion der Picknick-Dose ist das Unternehmen eine AG.

Welcher Grund könnte für die Wahl der AG als Rechtsform ausschlaggebend gewesen sein?

Durch die Ausgabe von Aktien konnten große Kapitalbeträge beschafft werden.

14. Die Umwandlung in die Süddeutsche Fleischwaren AG hat den Aufbau der Unternehmung verändert. Vervollständigen Sie die Übersicht über die **Organe der AG.**

leitendes Organ	Vorstand
	↑ bestellt ↑
überwachendes Organ	Aufsichtsrat ← wählen 1/3 bzw. 1/2 – Belegschaft
	↑ wählt ↑
beschließendes Organ	Hauptversammlung (Zusammenkunft der Anteilseigner)

15. Ergänzen Sie die Übersicht über die weiteren **Merkmale der AG.**

Die Aktiengesellschaft (AG)

Anzahl der **Gründer:**	Bezeichnung und Höhe des **Mindestkapitals** der Unternehmung:	Bezeichnung und Mindesthöhe der **Geschäftsanteile:**	Bezeichnung der **Gesellschafter:**	**Haftung** der Gesellschafter:	**natürliche** oder **juristische Person?**
mind. 1 Person	Grundkapital mind. 50 000 €	Aktie mind. 1 €	Aktionäre	nur mit der Aktie	juristische Person

16. Nebenstehend sehen Sie einen Auszug aus den **Aktienkursen,** wie sie in den Tageszeitungen veröffentlicht werden. Tragen Sie ein, welchen Kurswert die angegebenen Aktien am 21.02.2012 hatten.

Frankfurt	Div. 2010	Euro 21.02.12	Euro 20.02.12
Allianz	4,50	90,60	91,27
BASF	2,20	65,00	64,66
Deutsche Bank	0,75	33,85	34,58
Dt. Börse	2,10	51,83	52,02
MAN	2,00	85,19	86,29
RWE	3,49	33,57	33,66
SAP	0,60	49,65	49,62
Siemens	3,00	74,97	75,10
ThyssenKrupp AG	0,45	20,80	21,37
VW	2,26	144,75	144,10

BASF 65,00 €

Deutsche Bank 33,85 €

Erklären Sie in diesem Zusammenhang die Begriffe **Nennwert** und **Kurswert.**

Nennwert: Der Wert, der auf der Aktie aufgedruckt ist. Er muss mindestens 1 € betragen. (Stückaktien sind möglich)

Kurswert: Der Verkaufspreis, der sich an der Börse durch Angebot und Nachfrage ergibt.

17. Nennen Sie die zwei wichtigsten **Rechte des Aktionärs,** die er aus seiner Aktie beanspruchen kann.

1. Anspruch auf Dividende (Gewinnanteil)
2. Stimmrecht u. Auskunftsrecht in der Hauptversammlung.

 289–293 Datum: ....

1. Sie erinnern sich: Armin Wolf und Martina Bayer haben zusammen eine Fleischerei gegründet. Welche Fehler sollten bei der Finanzierung eines Unternehmens vermieden werden?

- zu wenig Eigenkapital
- keine öffentlichen Finanzierungshilfen beantragt
- Finanzierung von Jnvestitionen durch Kontokorrentkredit
- mangelhafte Planung des Kapitalbedarfs
- finanzielle Überbelastung durch zu hohe Kreditbeträge

2. Um den Kapitalbedarf eines Unternehmens zu finanzieren, gibt es verschiedene Möglichkeiten. Nennen Sie diese.

Finanzierungsmöglichkeit

Eigenkapital

Fremdkapital

Beteiligung

Leasing

öffentliche Finanzhilfen

3. Finanzierungsgrundsätze:

a) Wie sollte das Anlagevermögen (Gebäude, Maschinen usw.) finanziert werden?

möglichst mit Eigenkapital oder langfristigem Fremdkapital

b) Weshalb sollte die Laufzeit eines Darlehens (Fremdkapitalaufnahme) die Nutzungsdauer der damit finanzierten Maschinen nicht übersteigen?

Können Maschinen nicht mehr genutzt werden, müssen neue beschafft werden. Die hierfür nötigen Kredite würden zu einer Doppelbelastung führen.

c) Begründen Sie folgenden Finanzierungsgrundsatz: Je mehr Eigenkapital, desto sicherer. Deshalb sollte das Eigenkapital nicht unter 20 % liegen.

- Eigenkapital dient als Sicherheitspolster, um finanzielle Engpässe zu überbrücken.
- Eigenkapital erhöht die Kreditwürdigkeit.

4. Unterscheiden Sie die folgenden Darlehensarten:

Kontokorrentkredit:	Bankdarlehen:
Beim Kontokorrentkredit kann das Geschäftskonto bis zur vereinbarten Höhe überzogen werden (Kreditlimit).	Ein Bankdarlehen wird in einer bestimmten Höhe ausbezahlt und mit festen Tilgungsraten zurückbezahlt.

5. Voraussetzung für ein Darlehen sind ausreichende Sicherheiten. Welche Kreditsicherheiten liegen jeweils vor?

Die Maschinen der Fleischerei Wolf wurden mit einem Darlehen finanziert. Die Geräte stehen zwar in der Fleischerei, aber bis zur vollständigen Tilgung des Kredits gehören sie der Bank.
↓
Sicherungsübereignung

Als Sicherheit für den gewährten Kredit, verwendet die Bank die Eigentumswohnung von Armin Wolf.
↓
Grundschuld/Hypothek

Damit Armin Wolf ein Bankkredit zur Existenzgründung eingeräumt wird, verpflichten sich seine Eltern, notfalls die ausstehenden Raten zu übernehmen.
↓
Bürgschaft

6. Viele Unternehmen finanzieren einen Teil ihrer Investitionen durch Leasing. Zählen Sie Investitionsgüter auf, die geleast werden können.

Computer, Fahrzeuge, Arbeitskleidung, Maschinen, Gebäude usw.

7. Erläutern Sie, was man unter Leasing versteht.

Gegen Zahlung der Leasingrate wird der langfristige Gebrauch einer Sache gestattet. Am Ende der vereinbarten Laufzeit muss der Leasingnehmer die Sache zurückgeben, evtl. kann er sie auch kaufen.

8. Welche Vorteile haben Sie bei der Finanzierung durch Leasing?

Vorteile des Leasing

- Weder Eigenkapital noch Kredite werden benötigt.
- Keine Kreditsicherheiten sind erforderlich.
- Die Leasinggesellschaft berät u. betreut ihre Kunden.
- Man kann immer über die neueste Technik verfügen.
- Statt hoher Jnvestitionskosten fallen nur Leasingraten an.
- Evtl. steuerliche Vorteile.

Fixe und variable Kosten – Einzelkosten und Gemeinkosten

1. Geben Sie an, ob fixe oder ob variable Kosten vorliegen.

Fixe **Kosten** sind unabhängig vom Produktionsumfang, z. B. Mieten, Zinsen, Steuern, Abschreibungen.

Variable **Kosten** verändern sich entsprechend dem Produktionsumfang, z. B. Fertigungslöhne, Materialverbrauch.

2. Tragen Sie in die beiden Zeichnungen die entsprechende Kostenart ein.

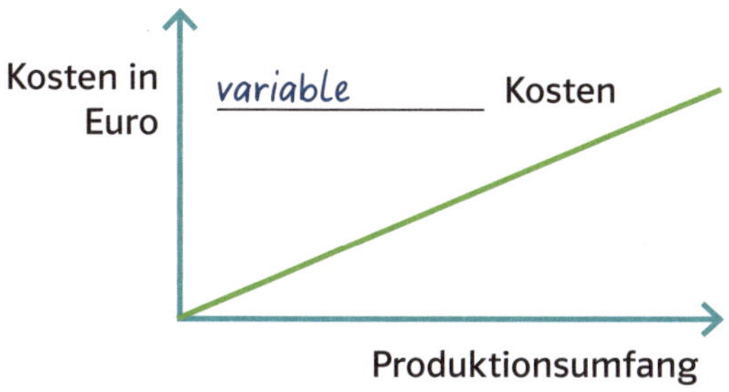

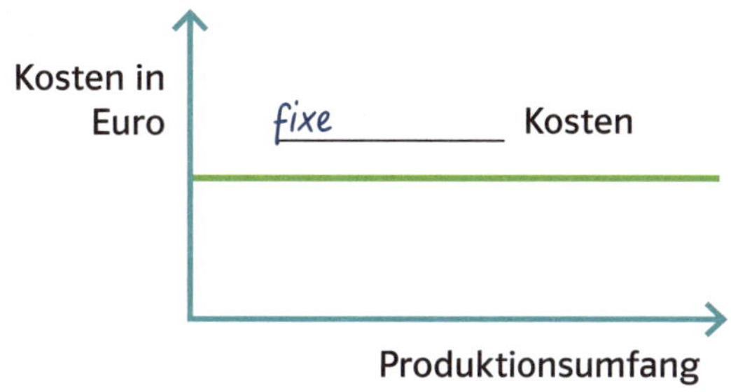

3. In einer Unternehmung fallen jeden Monat 24 000 € fixe Kosten an. Die variablen Kosten je produziertem Stück betragen 2 €. Ermitteln Sie, wie sich die Stückkosten bei verschiedenen Produktionsmengen entwickeln.

Produktionsmenge	Fixe Kosten je Monat	variable Kosten	Gesamtkosten	Stückkosten
0	24 000,–	–	24 000,–	–
1 000	24 000,–	2 000,–	26 000,–	26,–
2 000	24 000,–	4 000,–	28 000,–	14,–
3 000	24 000,–	6 000,–	30 000,–	10,–
4 000	24 000,–	8 000,–	32 000,–	8,–

Ergebnis Je höher die Produktionsmenge, je geringer wird der Anteil der fixen Kosten an den Gesamtkosten, je mehr sinken die Stückkosten, je niedriger wird der Preis. Diesen Zusammenhang nennt man das Gesetz der industriellen Massenproduktion.

4. Tragen Sie ein, ob Einzel- oder Gemeinkosten vorliegen. Geben Sie zusätzlich jeweils 2 Beispiele an.

Gemeinkosten

können einem Erzeugnis nicht direkt zugeordnet werden, da sie auch für andere Produkte anfallen.

z. B. Steuern, Mietkosten
Verwaltungskosten

Einzelkosten

lassen sich dem einzelnen Erzeugnis direkt zuordnen.

z. B. Rohstoffe
Fertigungslöhne

5. **Die Herstellung von 6 000 Spielzeugautos verursachte folgende Kosten: Fertigungsmaterial 6 800 €, Stromkosten für Maschinen 200 €, Gehälter der Verwaltung 10 000 €, Fertigungslöhne 15 000 €, Miete für Werkräume 1 000 €, Abschreibungen 4 000 €, Zinsen für einen Kredit 2 000 €.**

a) Teilen Sie die angegebenen Kostenarten in Einzel- und Gemeinkosten ein.
b) Wie hoch sind die fixen, wie hoch sind die variablen Kosten?
c) Ermitteln Sie die Stückkosten für ein Auto.

a) Einzelkosten: Fertigungsmaterial, Fertigungslöhne

Gemeinkosten: Stromkosten, Gehälter der Verwaltung, Miete, Abschreibungen, Zinsen

b) Abschreibungen 4000,– € + Gehälter 10000,– € + Zinsen 2000,– € + Miete 1000,– € = 17000,– € fixe Kosten

Fertigungsmaterial 6800,– € + Stromkosten 200,– € + Fertigungslöhne 15000,– € = 22000,– € variable Kosten

c) Fixe Kosten 17000,– € + variable Kosten 22000,– € = 39000,– € Gesamtkosten

39000,– € : 6000 Stück = 6,50,– € pro Stück

Kalkulation der Selbstkosten

6. a) Wie werden bei einer **vereinfachten Zuschlagskalkulation** die Selbstkosten ermittelt?

Fertigungsmaterial
+ Fertigungslöhne
+ Gemeinkosten
= Selbstkosten

b) Ein Schreiner kalkuliert für einen Auftrag: Materialkosten 160 €, Lohn Meister 8 Std. je 30 €; Lohn Geselle 16 Std. je 21,50 €; Lohn Auszubildender 6 Std. je 8,80 €, Gemeinkosten 155 % der Lohnkosten. Ermitteln Sie die Selbstkosten.

Materialkosten			160,00 €
+ Lohnkosten:	Meister:	8 Std. x 30,00 € = 240,00 €	
	Geselle:	16 Std. x 21,50 € = 344,00 €	
	Azubi:	6 Std. x 8,80 € = 52,80 €	636,80 €
+ Gemeinkosten (155 % von 636,80 €)			987,04 €
= Selbstkosten			1783,84 €

 294–299 Datum: ....

Wirtschaftliche Kennziffern

Herr Kümmerle hat seinen Betrieb vor einem Jahr vergrößert und außerdem verschiedene Rationalisierungsmaßnahmen durchgeführt. Um zu überprüfen, ob seine Entscheidung richtig war, hat er verschiedene Zahlen aus seiner Buchhaltung entnommen. Diese setzt er nun zueinander ins Verhältnis, d. h. er ermittelt **wirtschaftliche Kennziffern.**

Die Produktivität

Aufgrund seiner Rationalisierungsmaßnahmen rechnet Herr Kümmerle mit einer höheren Produktivität, d. h., er erwartet, dass die **mengenmäßige Ergiebigkeit** seiner Firma zugenommen hat. Ermitteln Sie, wie sich die Produktivität der Firma Kümmerle verändert hat.

Produktivität = $\frac{\text{erzeugte Menge}}{\text{Material- bzw. Arbeitseinsatz}}$

	1. Jahr (= vor der Investition)	**2. Jahr** (= nach der Investition)
erzeugte Menge	288 600 Stück	368 900 Stück
Arbeitsstunden	96 200 Std.	105 400 Std.
Produktivität =	$\frac{288\,600 \text{ St.}}{96\,200 \text{ Std.}}$ = 3 St./Std.	$\frac{368\,900 \text{ St.}}{105\,400 \text{ Std}}$ = 3,5 St./Std.

Ergebnis Die Rationalisierungsmaßnahmen waren erfolgreich, die Produktivität ist gestiegen.

Die Wirtschaftlichkeit

Herr Kümmerle weiß nun, dass die Produktivität gestiegen ist. Allerdings hat er noch keinen Überblick darüber, ob dieser Zuwachs auch einen wirtschaftlichen Erfolg darstellt. Ermitteln Sie, wie sich die Wirtschaftlichkeit der Firma verändert hat.

Wirtschaftlichkeit = $\frac{\text{Leistungen}}{\text{Kosten}}$

	1. Jahr (= vor der Investition)	**2. Jahr** (= nach der Investition)
Verkaufserlöse	7 936 500 €	10 144 750 €
Kosten	7 690 180 €	9 205 762 €
Wirtschaftlichkeit =	$\frac{7\,936\,500 \text{ €}}{7\,690\,180 \text{ €}}$ = 1,032	$\frac{10\,144\,750 \text{ €}}{9\,205\,762 \text{ €}}$ = 1,102

Ergebnis Die Rationalisierungsmaßnahmen waren erfolgreich, die Wirtschaftlichkeit hat zugenommen.

Die Rentabilität

Abschließend möchte Herr Kümmerle wissen, ob es überhaupt sinnvoll war, weiteres Geld in sein Unternehmen zu stecken oder ob er es besser anderweitig investiert hätte. Um zu erfahren, ob der Gewinn ausreicht, sein eingesetztes Kapital angemessen zu verzinsen, ermittelt er die Rentabilität. Berechnen Sie die Entwicklung der Rentabilität, und vergleichen Sie das Ergebnis mit einem Angebot von Herrn Kümmerles Bank, die das Geld zu 8,75 % angelegt hätte.

Rentabilität (Eigenkapitalrentabilität) = $\frac{\text{Gewinn} \times 100\,\%}{\text{Eigenkapital}}$

	1. Jahr (= vor der Investition)	**2. Jahr** (= nach der Investition)
Gewinn	246 320 €	938 988 €
Eigenkapital	3 079 000 €	6 829 000 €
Rentabilität =	$\frac{246\,320 \text{ €} \times 100\,\%}{3\,079\,000 \text{ €}}$ = 8 %	$\frac{938\,988 \text{ €} \times 100\,\%}{6\,829\,000 \text{ €}}$ = 13,75 %

Ergebnis Die Investition war sinnvoll, die Rentabilität liegt über dem Angebot der Bank.

1. Nennen Sie wichtige Marketinginstrumente.

– Werbung – Öffentlichkeitsarbeit (Public Relations) – Marktforschung – Preisgestaltung
– Sortimentsgestaltung – Ökomarketing – Service, Kundenbetreuung – Qualitätssicherung

Marktforschung

75 Euro für einen Vormittag!
Bekanntes Marktforschungsinstitut sucht Hausfrauen zwischen 18 und 45 Jahren, die Lust haben, neue Produkte zu testen. T.: [redacted]

2. Womit beschäftigt sich die Marktforschung?

Sie untersucht Absatzmärkte sowie das Verhalten von Konkurrenten und Verbrauchern.

»Stell dich nicht so an. Als du's in der Fernsehwerbung gesehen hast, warst du ganz wild drauf.« © Bulls

Werbung

3. Welche Aufgaben hat die Werbung?

- alte Kunden erhalten, neue gewinnen
- neue Produkte am Markt einführen
- die Verbraucher informieren
- Firmen- oder Markenimage aufbauen
- psychologische Anreize bieten, ein bestimmtes Produkt zu kaufen

Kundenbetreuung

4. Begründen Sie, weshalb gerade im Handwerk die Kundenberatung und Kundenbetreuung besonders erfolgsversprechende Marketingmaßnahmen sind.

- Stammkunden können durch guten Service und Beratung gewonnen werden.
- gutes Image (Mund-zu-Mund-Propaganda)
- Viele Produkte sind in Preis und Beschaffenheit ähnlich.
- Handwerksbetriebe können auf individuelle Kundenwünsche besser eingehen.

--- DER ALLERLETZTE ---

»Wenn Sie die Gebrauchsanweisung gelesen hätten, hätten Sie gesehen, dass da ein Schalter für Trocknen und einer für Styling ist.« © Bulls

Preisgestaltung

5. Überlegen Sie, weshalb gerade für ein neu gegründetes Unternehmen die Preisgestaltung besonders schwierig ist.

• Vergleichszahlen aus dem Vorjahr gibt es nicht.

• Preise sollen kostendeckend sein, andererseits müssen die Konkurrenten berücksichtigt werden.

Ökomarketing

6. Erläutern Sie, weshalb aktiver Umweltschutz zunehmend als Marketingmittel eingesetzt wird.

• Kunden achten mehr auf Umweltschutz.

• Durch Umweltschutz sind Kosteneinsparungen möglich, z. B. Energieeinsparung, Abfallwiederverwertung.

Qualitätssicherung

7. Begründen Sie die nebenstehende Aussagen, indem Sie das Schaubild über die Notwendigkeit von Qualitätskontrollen ergänzen.

Weshalb **Qualitätskontrollen?**

- weniger Ausschuss
- weniger Kosten für Mängelbeseitigung
- guter Ruf (Image)
- erhöht den Absatz
- verhindert Reklamationen
- Produkthaftungsgesetz
- zufriedene Kunden

8. Wie versuchen viele Unternehmen ihre Qualitätssicherungsmaßnahmen zusätzlich zu verwerten?

Viele Unternehmer lassen sich die Qualität ihrer Produkte bestätigen und setzen diese »Zertifikate« als Werbemittel ein.

Cover Masterfile Deutschland GmbH, Düsseldorf; **11.1** Bildagentur Waldhäusl, Waidhofen/Ybbs; **11.2** mediacolor's P & F Müller (dia), Zürich; **13.1** Picture-Alliance (dpa/Werner Schilling), Frankfurt; **13.2** Ford-Werke AG, Köln; **15.1** Fotolia LLC (Vektorisiert), New York; **15.2**; **15.3**; **15.4** Fotolia LLC (vektorisiert), New York; **16** Ullstein Bild GmbH (AP), Berlin; **21** Haitzinger, Horst, München; **40.1**; **40.3** RAL, Sankt Augustin; **40.2** Hauptverb. d. gewerbl. Berufsgen., Sankt Augustin; **41** Test: Musik- und Videospieler, 7/2010 der Stiftung Warentest; **44** Fotex GmbH, Hamburg; **47** MEV Verlag GmbH, Augsburg; **49** EZB, Frankfurt; **50** iStockphoto (Ericsphotography), Calgary, Alberta; **53.1** Baden-Württembergische Bank, Stuttgart; **53.2** Ullstein Bild GmbH (Grabowsky), Berlin; **54.1** Freelens Media GmbH (Jan Potente), Hamburg; **54.2** MasterCard Worldwide, Frankfurt/Main; **54.4** MasterCard Europe, Frankfurt am Main; **54.5** EURO Kartensysteme GmbH, Frankfurt am Main; **54.7** Visa Europe Services Inc., Frankfurt am Main; **54.9** vario images GmbH & Co.KG (Tetra Images), Bonn; **57** akg-images, Berlin; **60.1**; **60.3** EZB, Frankfurt; **60.2** MEV Verlag GmbH, Augsburg; **62.1** Picture-Alliance (dpa/DB), Frankfurt; **62.2** Action Press GmbH (Ralf Jürgens), Hamburg; **64** MEV Verlag GmbH, Augsburg; **65** MEV Verlag GmbH, Augsburg; **76** AURA (Emanuel Ammon), Luzern; **77** Klett-Archiv (Katrin Schäflein), Stuttgart; **89.1** Action Press GmbH (OED,Hans-Günther), Hamburg; **89.2** Ullstein Bild GmbH (CARO/Frank Sorge), Berlin; **89.3** Imago, Berlin; **94** Nestle Deutschland AG, Frankfurt am Main; **96** Getty Images, München; **101** Picture-Alliance (dpa-infografik), Frankfurt; **102.1** iStockphoto (Fatihhoca), Calgary, Alberta; **102.2** Helga Lade Fotoagentur, Frankfurt; **102.3** Picture-Alliance (Lehtikuva/Mikko Stig), Frankfurt; **108** Thomas Süssmilch, Kirchheim/Teck; **111** Bundesministerium der Finanzen, Berlin; **113** Bergmoser + Höller Verlag, Aachen; **114.1** Caro Fotoagentur (Sorge), Berlin; **114.2** Imago, Berlin; **115** akg-images, Berlin; **122.1** Blume 2000 New Media ag, Norderstedt; **122.2** Apollo-Optik Holding GmbH & Co. KG, Schwabach; **122.3** Joey's Pizza Service GmbH, Hamburg; **122.4** Tchibo GmbH, Hamburg; **122.5** BabyOne GmbH, Münster; **122.6** OBI, Wermelskirchen; **134.1**; **134.2** Bulls Press (Jim Unger), Frankfurt; **135.1**; **135.7**; **135.8**; **135.9**; **135.10** RAL, Sankt Augustin; **135.2** Der Grüne Punkt . Duales System Deutschland GmbH, Köln; **135.3** Naturland Zeichen GmbH, Gräfelfing; **135.4** RAL Umwelt/RAL gemeinnützige GmbH; **135.5** Flower Label Program e.V.; **135.6** TÜV Rheinland Product Safety GmbH, Köln

Sollte es in einem Einzelfall nicht gelungen sein, den korrekten Rechteinhaber ausfindig zu machen, so werden berechtigte Ansprüche selbstverständlich im Rahmen der üblichen Regelungen abgegolten.